BIG CITIES

BIG CITIES

MALBUCH FÜR ERWACHSENE

Mal dir deine Stadt

Théo Mongourdin

tandem.VERLAG
print line

Originaltitel: Big Cities
Illustrationen von Théo Mongourdin

Gesamtherstellung: Tandem Verlag GmbH, Potsdam
Umschlaggestaltung: Stefanie Brüssel nach dem Originalcover von Pauline Ricco
Übersetzung: Regina Enderle

ISBN: 978-3-8427-1581-3

EINLEITUNG

• EINE KURZE GESCHICHTE DER STÄDTISCHEN ARCHITEKTUR

Die ersten architektonischen Maßstäbe werden in Ägypten gesetzt, etwas mehr als 3000 Jahre v. Chr. Die politische Macht der Pharaonen wird in ihren Grabstätten sichtbar, die sie in Form von Tempeln und Pyramiden aus Stein errichten lassen (Tal der Könige und Grabstätten von Gizeh). Einige Jahrhunderte später werden in den Städten Mesopotamiens massive Stufentempel erbaut, die mit Flachreliefs verziert sind. Viele Mythen ranken sich seither um die Städte Babylon und Persepolis. Jenseits des Atlantiks errichten die Maya und Azteken im vorkolumbianischen Amerika um 1300 v. Chr. Pyramiden zu zeremoniellen Zwecken wie in Teotihuacán oder Chichén Itzá.

Das Zeitalter der Klassik beginnt mit der Hochkultur der Griechen. Bereits 1700 v. Chr. befiehlt König Minos den Bau des Palasts von Knossos auf der Insel Kreta. Die erste Zivilisation Europas erfindet einen Baustil, der auf Säule und Gebälk beruht. Rom erobert ab dem 2. Jahrhundert v. Chr. den Mittelmeerraum und übernimmt die griechischen Techniken. Sie werden mit neuen Materialien und Strukturen wie den Gewölben und Kuppeln weiterentwickelt (Caracalla-Thermen, Kolosseum in Rom). Der römische Einflussbereich erstreckt sich bis in den Orient, nach Konstantinopel, wo eine Variante, die byzantinische Architektur, entsteht (Sophienkirche, bzw. die heutige Hagia Sophia).

Ab dem 7. Jahrhundert weitet sich die muslimische Welt aus und setzt ihre Techniken durch (Umayyaden-Moschee von Damaskus, Mezquita von Córdoba, Felsendom von Jerusalem). Mosaiken bedecken die Ziegel, Stein verliert an Bedeutung. In Nordeuropa kennzeichnet die romanische Architektur die Kirchenbauten mit auf dicken Pfeilern ruhenden Gewölben und in Kreuzform angelegten Basiliken. Immer mehr Gebäude erhalten massive Türme (Kathedrale von Santiago de Compostela, 11. Jahrhundert). Es folgt die Gotik mit einem luftigeren Stil. Die Arkaden gewinnen an Höhe und die Fensteröffnungen werden größer (Kathedrale von Amiens, 12. Jahrhundert, Rathaus von Brügge, 14. Jahrhundert).

Die Renaissance entsteht im Florenz des beginnenden 15. Jahrhunderts. Der antike Stil wird mit dem Bau der Kathedrale Santa Maria del Fiore durch Filippo Brunelleschi wiederbelebt. Er konstruiert eine Kuppel, die allen physikalischen Gesetzen trotzt. Sie wird zum Vorbild für den Petersdom, dessen Kuppel ein Jahrhundert später von Michelangelo entworfen wird. In Frankreich sind es die Schlösser der Loire, die für diese Epoche kennzeichnend sind. Im 17. Jahrhundert vereint der Neoklassizismus antike Linien mit dem Rationalismus der Aufklärung (Brandenburger Tor in Berlin). Die Gotik hingegen erlebt im viktorianischen England eine Auferstehung mit der Universität von Oxford und ihrem großen Architekten Christopher Wren. Der anschließend entstehende Jugendstil ist inspiriert von pflanzlichen und asymmetrischen Formen – Antoni Gaudí in Barcelona ist ein wegweisender Vertreter dieses Stils.

Im 19. Jahrhundert verführt der als Eklektizismus bekannte Stil die Architekten. Der Einsatz von Metall, dem Symbol des industriellen Zeitalters, gewinnt an Bedeutung. Beispiele hierfür finden sich in Chicago (Rookery) oder Paris (Eiffelturm). Wolkenkratzer schießen aus dem Boden, entworfen von den US-Amerikanern Louis Sullivan und Daniel Burnham. Sie begeistern sich für einen als „international" beschriebenen Stil, der sich durch verschiedene geometrische Formen und klare Linien auszeichnet. Der Bauhaus-Stil von Walter Gropius und Mies van der Rohe setzt diese Richtung fort.

Parallel entwickeln sich weitere Strömungen, die weniger streng sind. Le Corbusier entwirft funktionelle „Wohneinheiten" (Cité Radieuse in Marseille). Die sogenannte „organische Bauweise", die von dem US-Amerikaner Frank Lloyd Wright und dem Finnen Alvar Aalto propagiert wird, macht das in Einklang mit der Natur gebaute Haus zum Ideal.

In den 1970er-Jahren gilt der internationale Stil gemeinhin als zu monoton. Der Zweck des Gebäudes soll sichtbar sein. Die Postmoderne beginnt. Neue Verfahren und Techniken zeigen sich in einem industriellen Stil (Centre Pompidou in Paris). Seit 1980 gibt es eine Vielzahl von Strömungen, die verschiedene klassische Ideen wieder aufnehmen und von sehr unterschiedlichen Künstlern wie Norman Foster, Christian de Portzamparc, Ricardo Bofil oder Frank Gehry vertreten werden.

• DIE STADT, EINE QUELLE DER INSPIRATION

Eine Stadt bauen, die ein Spiegel der Gesellschaft ist, die in ihr lebt: Das ist das Ziel des Architekten, der sowohl aus der Kunst als auch aus technischen Entwicklungen schöpft. Sein Schaffen spiegelt sich später wiederum in der Arbeit des Künstlers, Schriftstellers oder Malers, der das städtische Umfeld zu seinem Hauptmotiv macht. Er betrachtet das Werk des Architekten aus seiner Perspektive. Die Inspiration zwischen Architekt und Künstler ist gegenseitig und einige Künstler bewahren durch ihre Arbeit gar die Erinnerung an die Städte, die sie malen oder beschreiben.

In der Renaissance malt Piero della Francesca die geometrische Perspektive von Brunelleschi und Alberti. Ein Jahrhundert später malt Johannes Vermeer die *Ansicht von Delft*. Sie zeigt sehr anschaulich die städtische Landschaft und die Beziehung zwischen Städten und Kanälen in Holland. Das Werk inspiriert in der Folge zu den berühmten Ansichten Venedigs von Canaletto im 17. Jahrhundert. In Frankreich nehmen die Impressionisten des 19. Jahrhunderts, darunter vor allem Claude Monet, Camille Pissarro und Gustave Caillebotte, Paris aus jedem Blickwinkel unter die Lupe. Glänzendes Pflaster und hell erleuchtete Prachtstraßen illustrieren die Eleganz und die Romantik der französischen Hauptstadt. Arthur Rimbaud hingegen betont die anrüchige Seite der Boulevards, auf denen sich weniger gesellschaftsfähige Zeitgenossen herumtreiben. Im 20. Jahrhundert bevorzugt Marc Chagall hingegen das Traumhafte und verleiht der Stadt einen Hauch von Verrücktheit, indem er ihren poetischen Charakter unterstreicht. Diese Vision teilt auch Guillaume Apollinaire, der Herold des Surrealismus, dessen Worte und Bildgedichte später vor allem die farbig kolorierten Ansichten des Eiffelturms von Robert Delaunay inspirieren. Raymond Queneau und seine Chroniken *Kennen Sie Paris?*, in denen architektonische Kuriositäten beschrieben werden, müssen ebenfalls erwähnt werden. Auf der anderen Seite des Atlantiks zeigen Edward Hopper und George Bellows die geometrischen Umrisse der amerikanischen Städte, die von dem sehr beliebten internationalen Stil geprägt sind. Das Bild, das sie von modernen Städten zeichnen, ist mal gefüllt von städtischem Treiben, mal melancholisch.

In neuerer Zeit ist die Fotografie der wichtigste Zeuge städtischer Veränderungen. Marc Ferrez fotografiert das Brasilien im Umbruch zwischen dem 19. und 20 Jahrhundert, das von Eisenbahnlinien durchzogen wird und plötzlich völlig neue Ansichten bietet. Mitte des letzten Jahrhunderts hält Robert Capa den Bau der Stadt Tel-Aviv fest, die sich nach und nach aus der Wüste erhebt. In noch jüngerer Zeit zeigt der Fotograf Bjoern Lauen seine Faszination für die Stadt Dubai in Bildern und bietet schwindelerregende Ansichten auf Wolkenkratzer, die allen physikalischen Gesetzen trotzen. Eine fast schon fantastische Vision zeigt die Comicreihe *Die geheimnisvollen Städte* von Benoît Peeters und François Schuiten, in der jede Stadt eine in sich geschlossene Welt darstellt.

Viele dieser vielschichtigen und einfallsreichen Ansichten auf Städte prägen das vorliegende Werk, für dessen Zeichnungen die wichtigsten Metropolen der Welt wie Rom, Las Vegas oder Rio Pate stehen. Aber auch die Welten einiger Videospiele fließen in die Bilder mit ein. Wie in SimCity© können Sie hier Ihre eigene Stadt erschaffen!

Einige Worte über den Illustrator

Théo Mongourdin ist Illustrator und Textildesigner. Seine Leidenschaft für Muster entwickelt er an der *Nationalen Hochschule für angewandte Künste* Olivier de Serres und später an der Hochschule Duperré. Anschließend realisiert er verschiedene Ausstellungen für die Stadt Paris, für die *Cité de la Mode et du Design* und für den *Grand Palais*. Er gründet seine Marke für Seidentücher, macht Clips und Animationen und arbeitet regelmäßig mit einem großen Namen der Haute Couture zusammen.

Für seine persönliche Arbeit sammelt er grafische Symbole (Videospiele, Skateboards, Kirchenfenster, Architektenentwürfe, medizinische Bilder, Illustrationen aus dem 19. Jh. ...) und verwendet sie in Mustern. Seine Bilder haben einen besonderen Humor und lassen häufig eine doppelte Sichtweise zu, indem sie mit Archetypen spielen.

Italo Calvino beschreibt in seinem Roman *Die unsichtbaren Städte* Fantasiemetropolen, die uns einerseits fremd sind, andererseits aber sehr vertraut wirken. In dem vorliegenden Werk finden Sie Städte, die darauf warten, mit Farbe gestaltet zu werden. Sie liegen friedlich da oder wurden von Riesenechsen zerstört, brodelnd oder verlassen, vertraut oder erfunden. Erwecken Sie die Städte zum Leben!

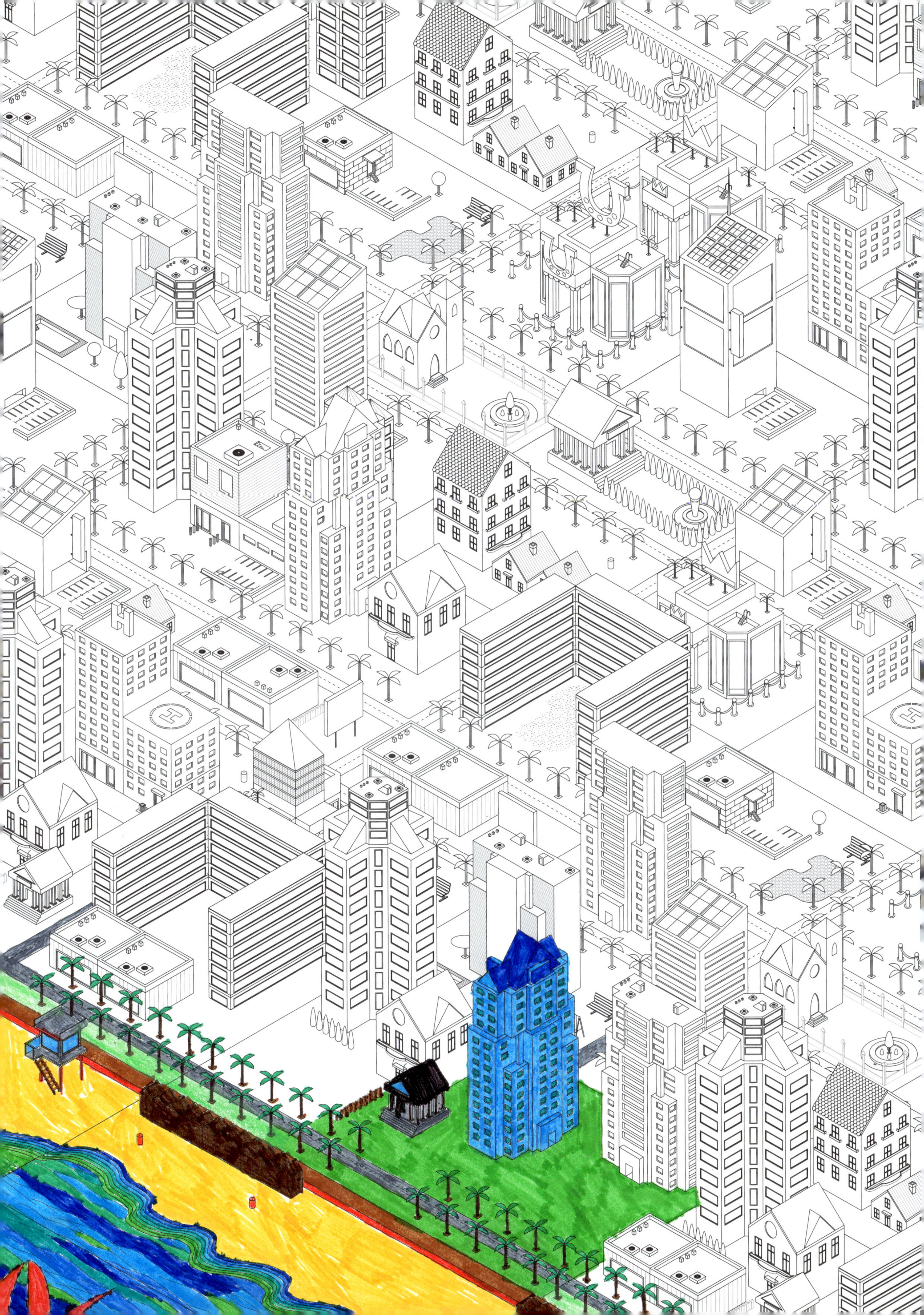

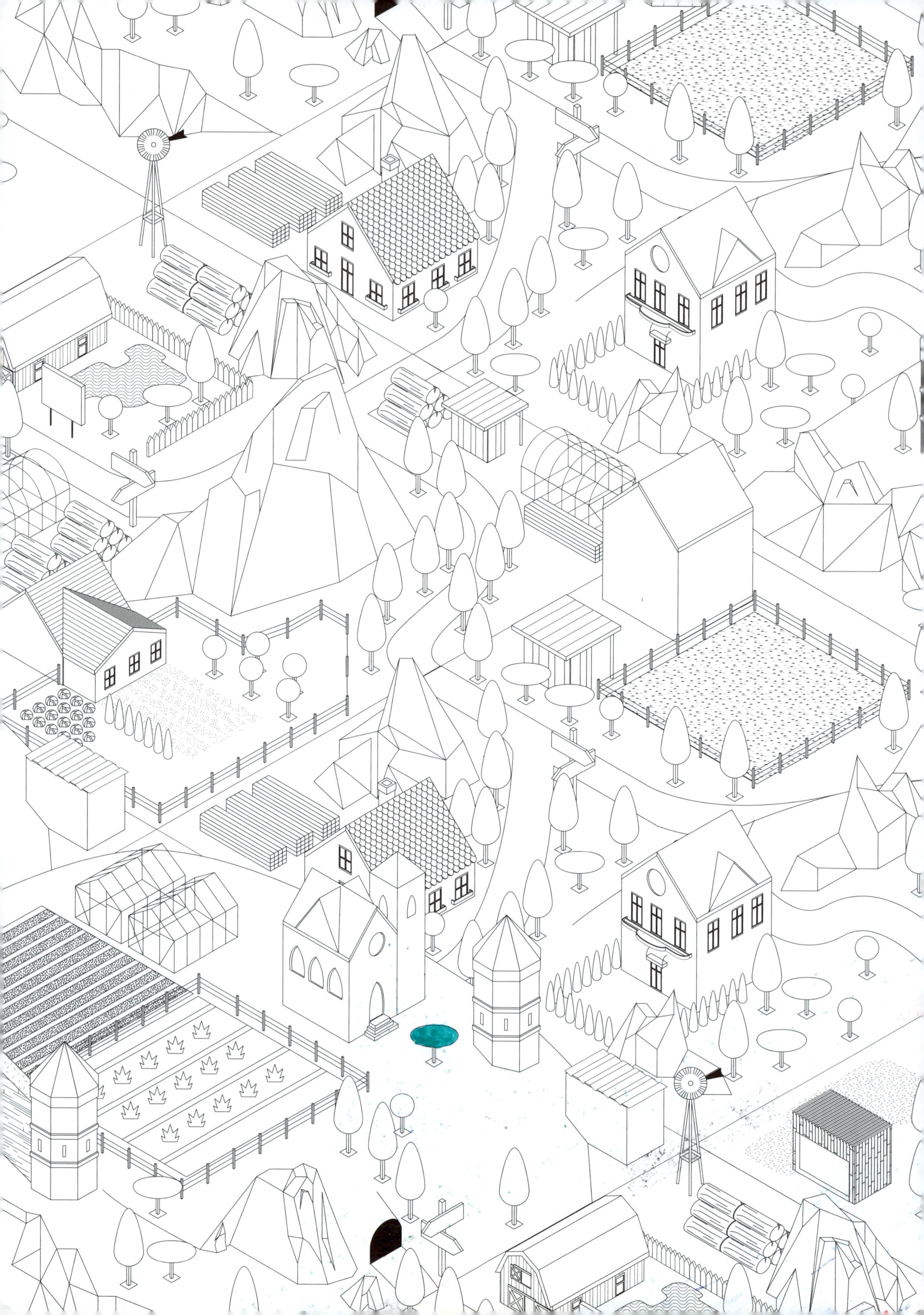

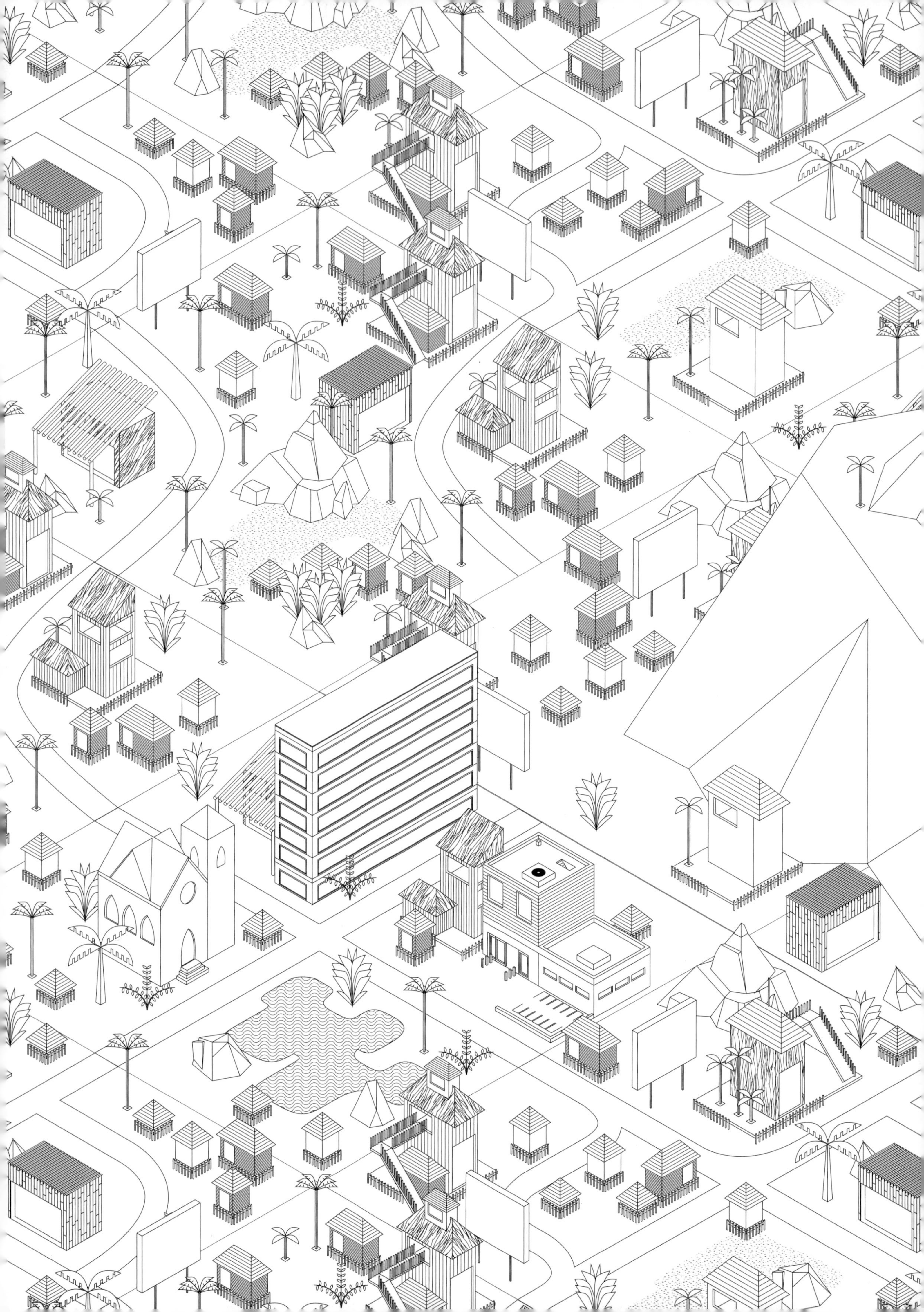

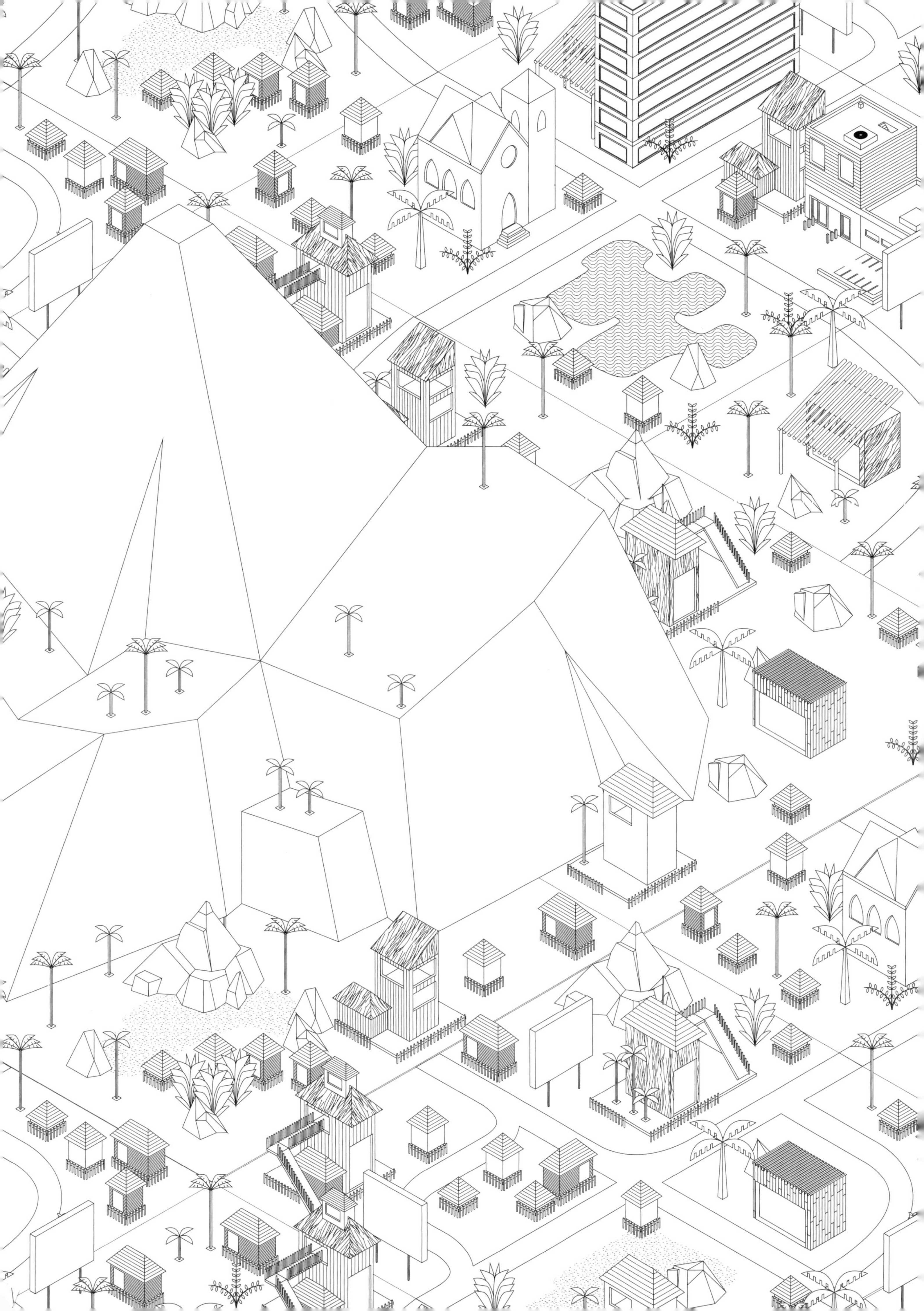

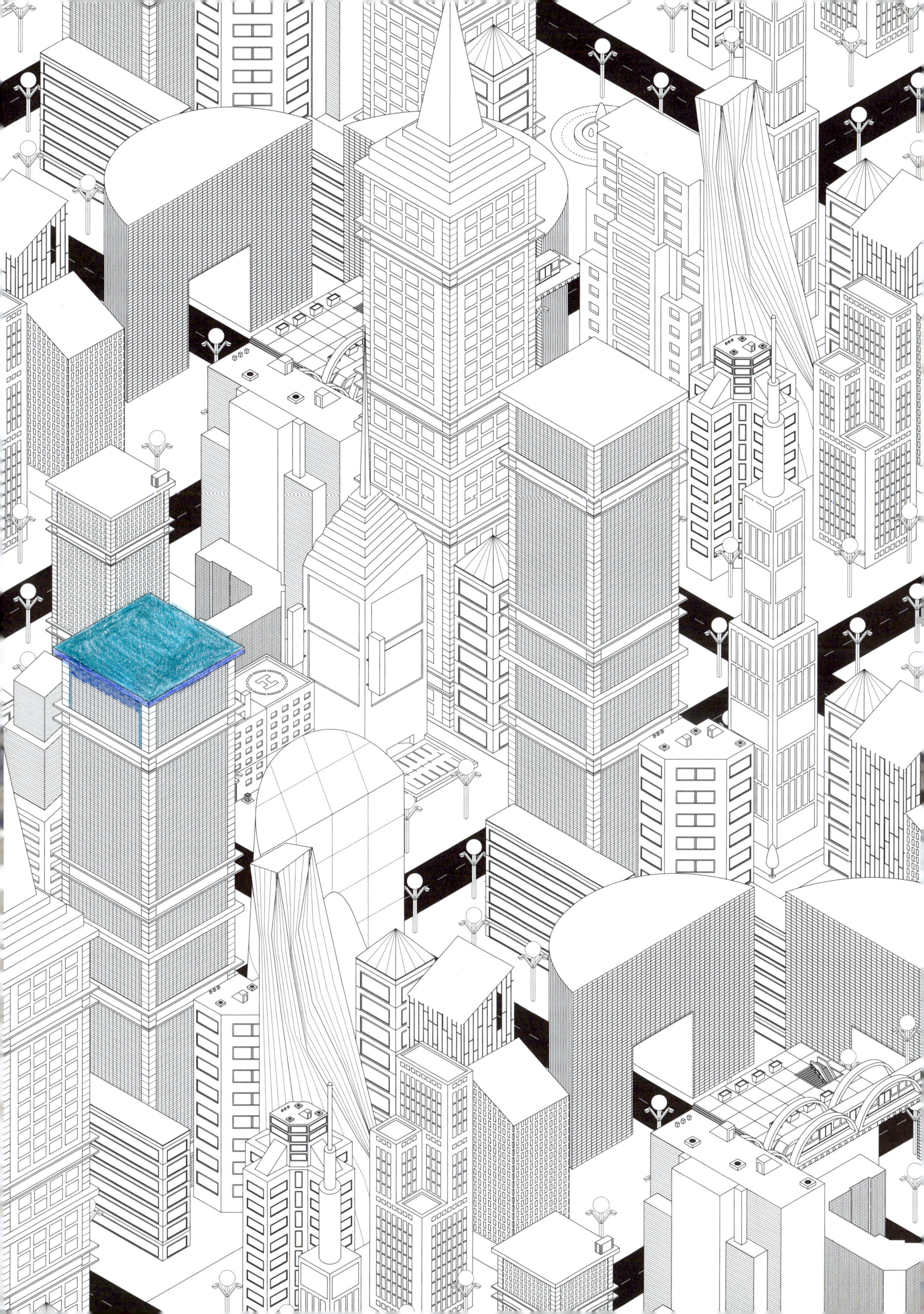

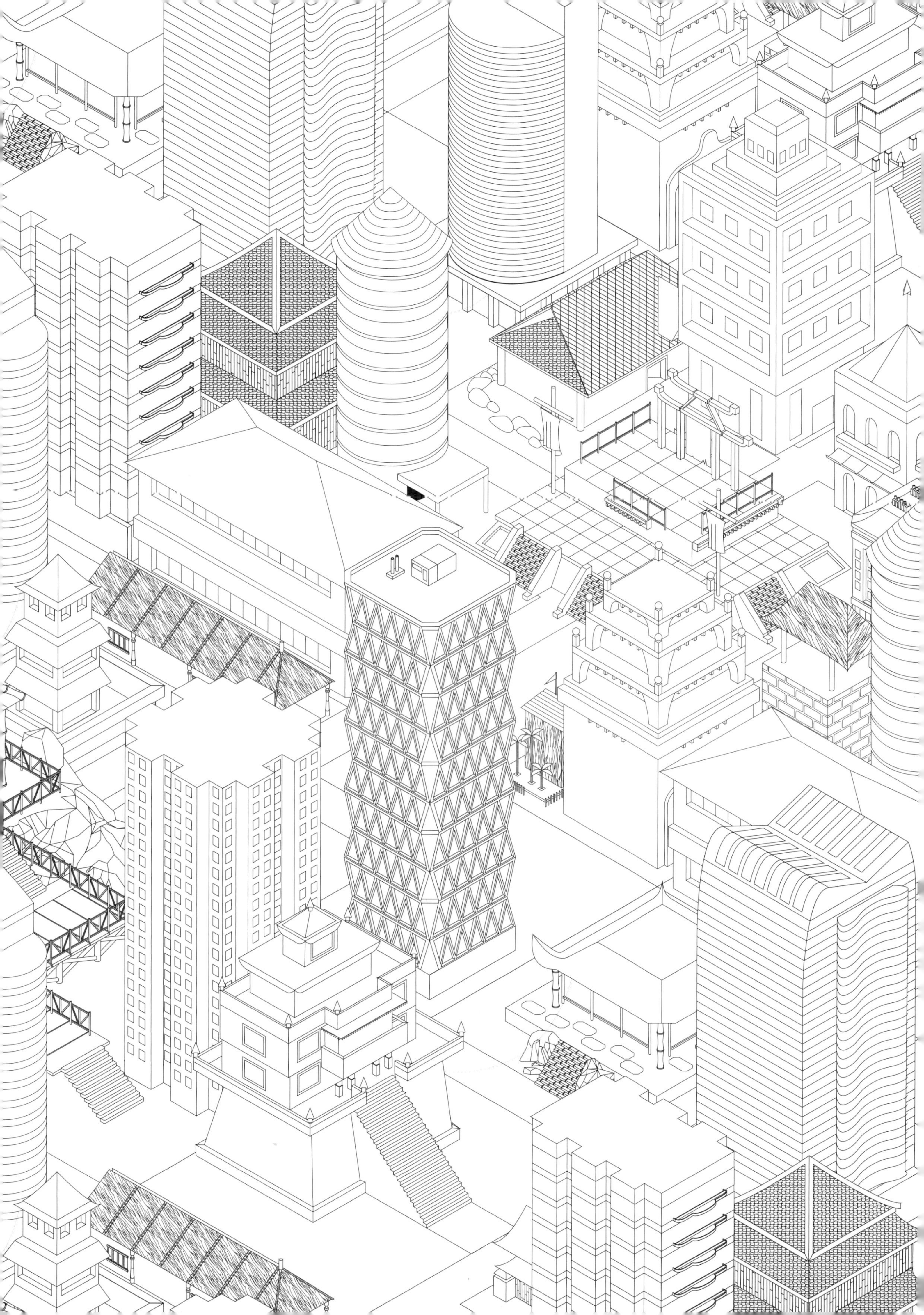

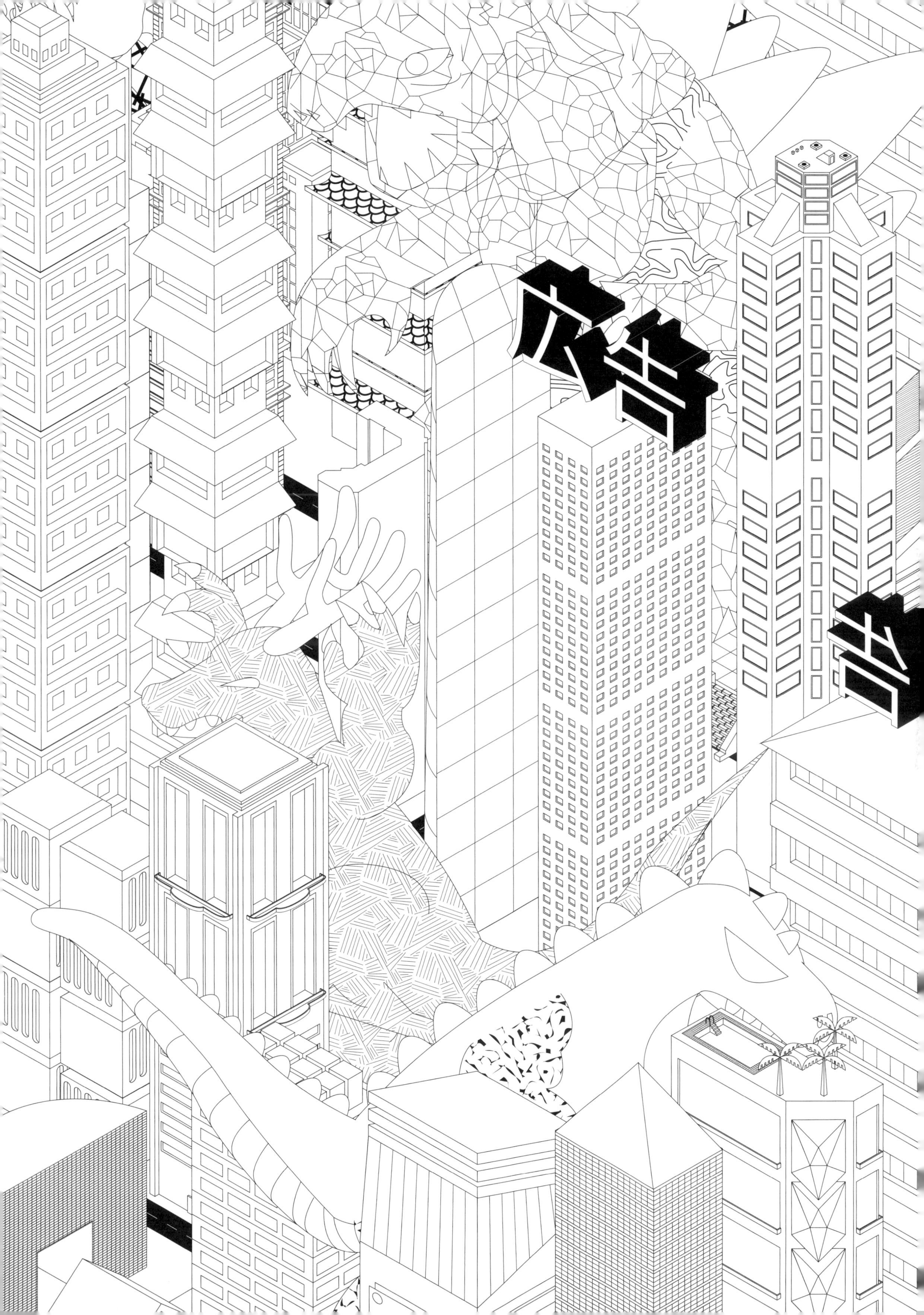
広告
告

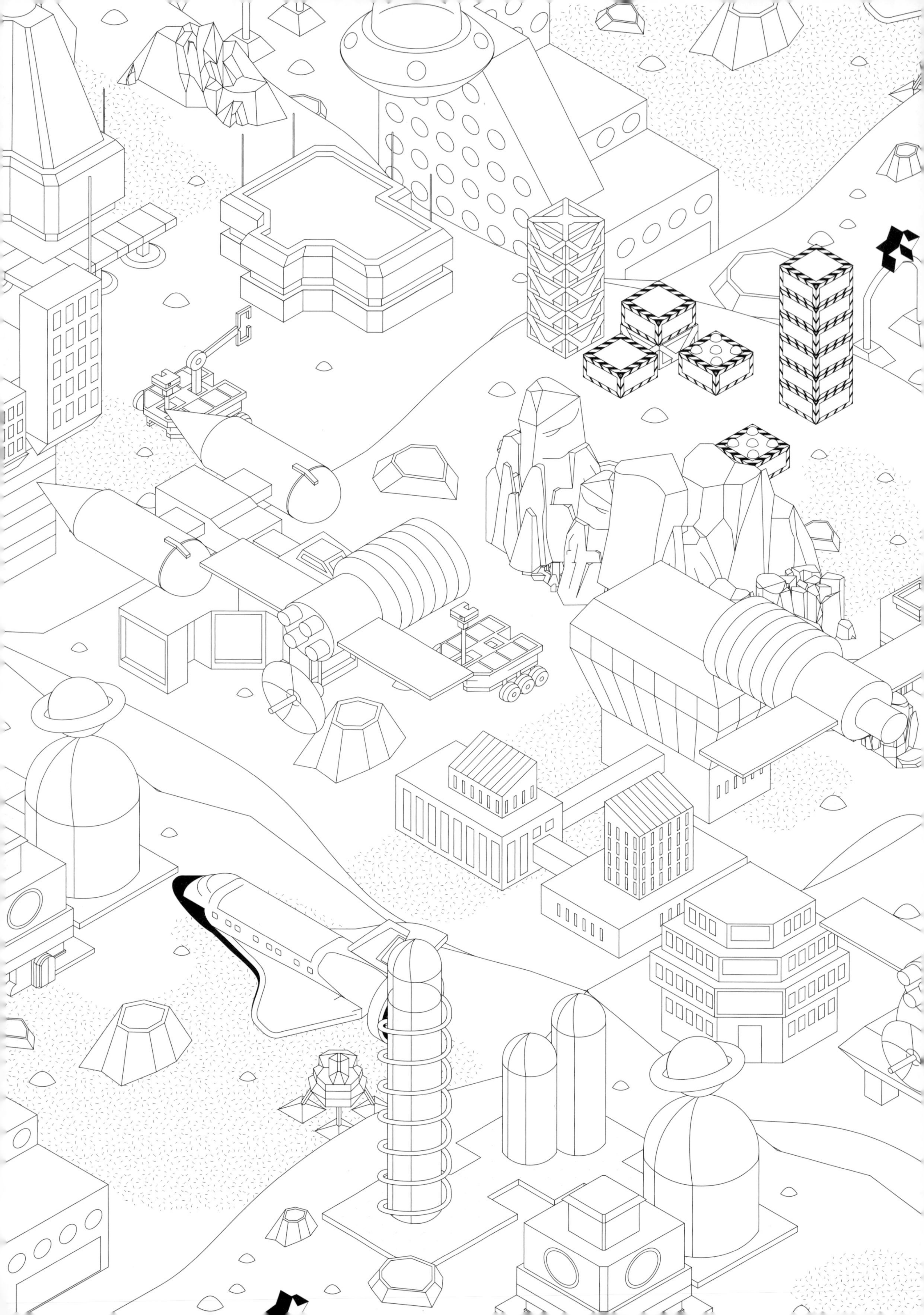

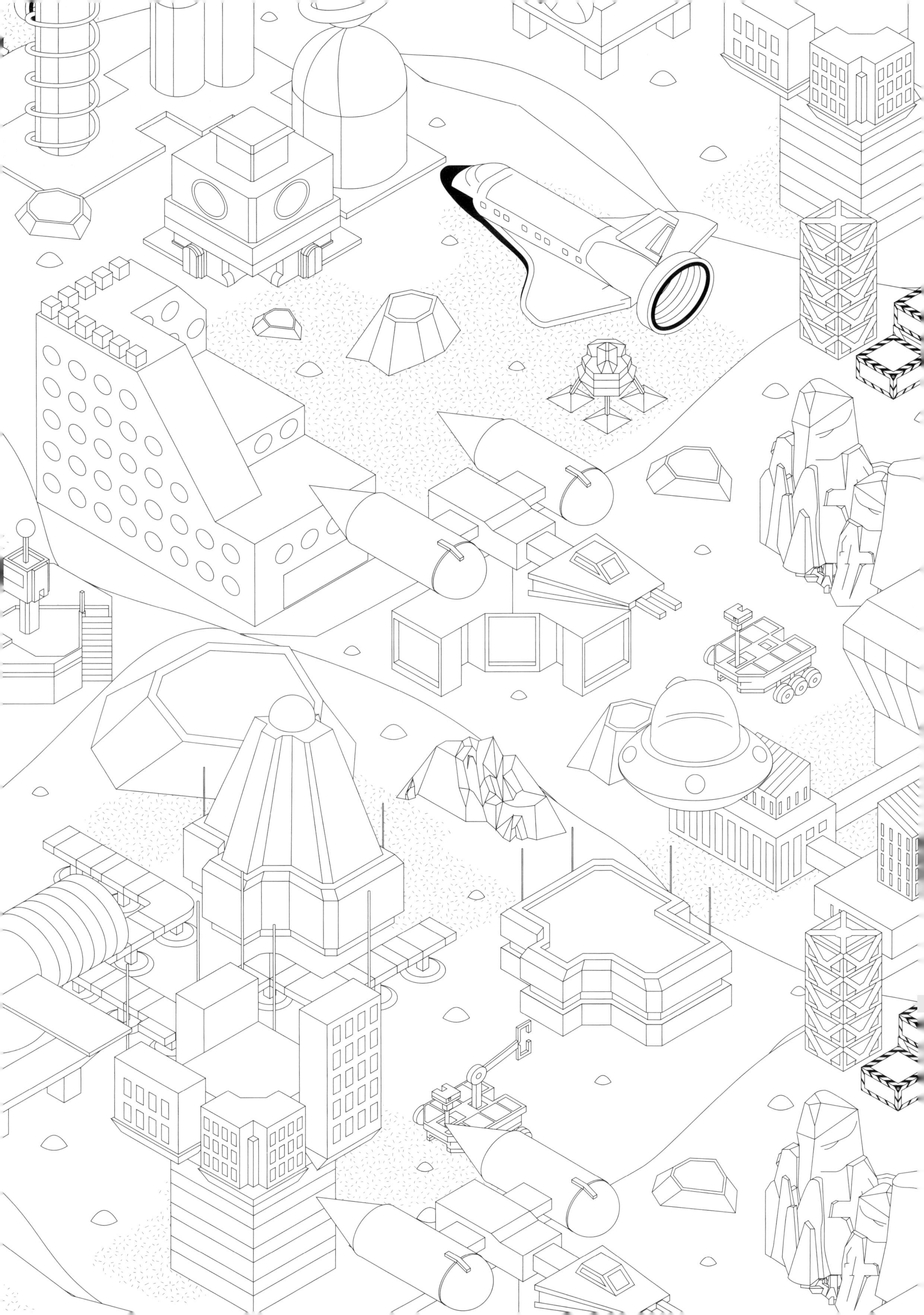

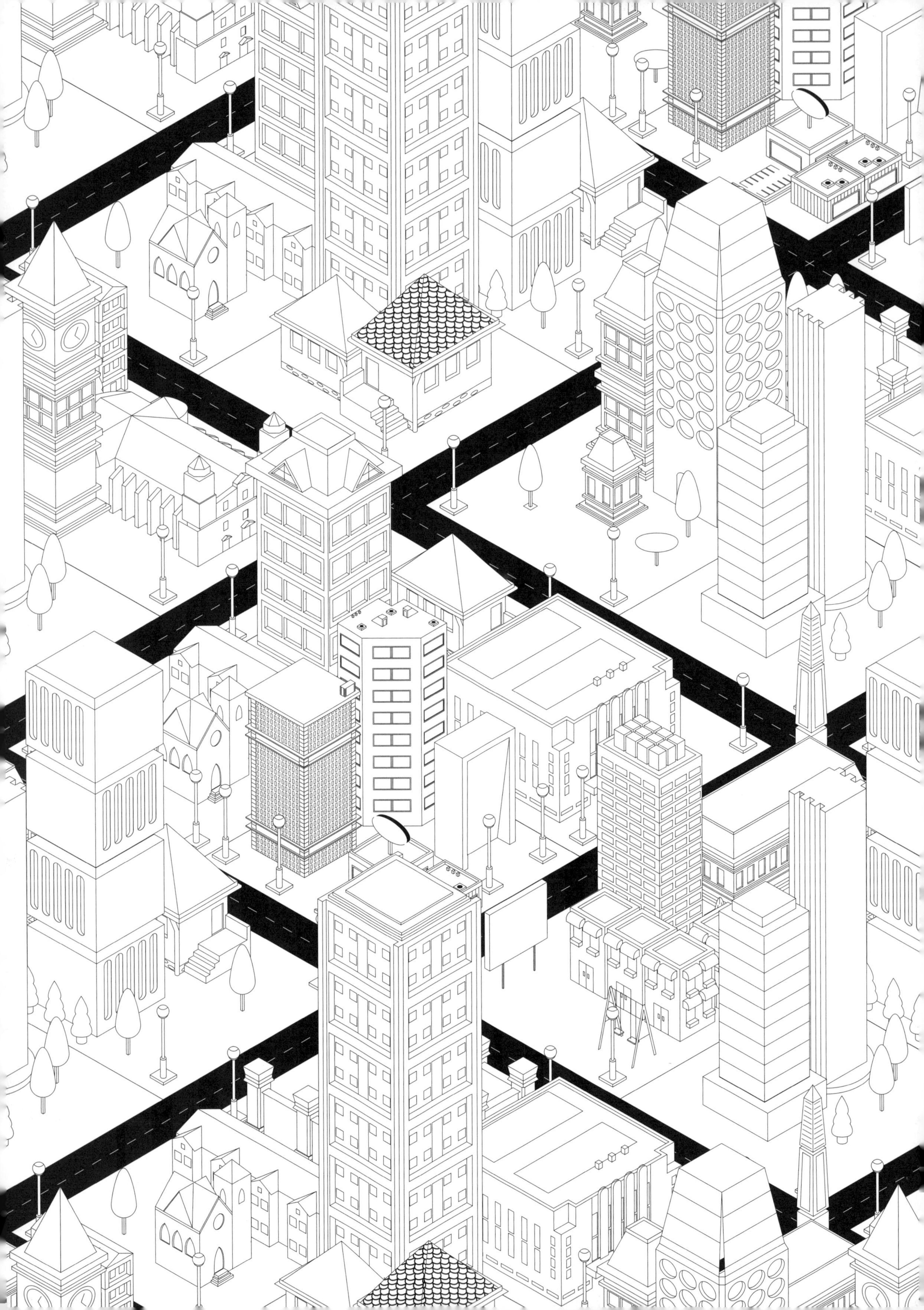

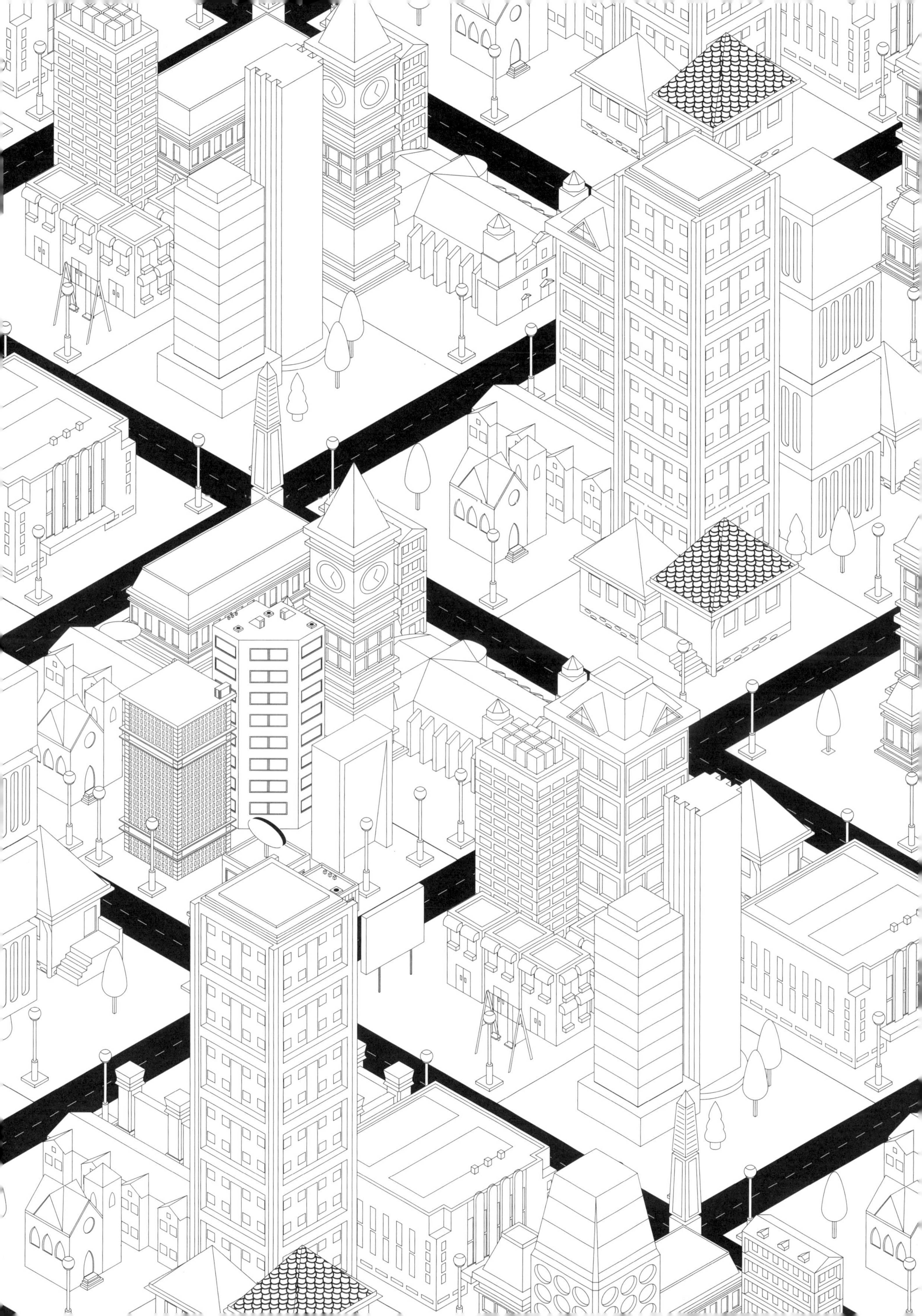

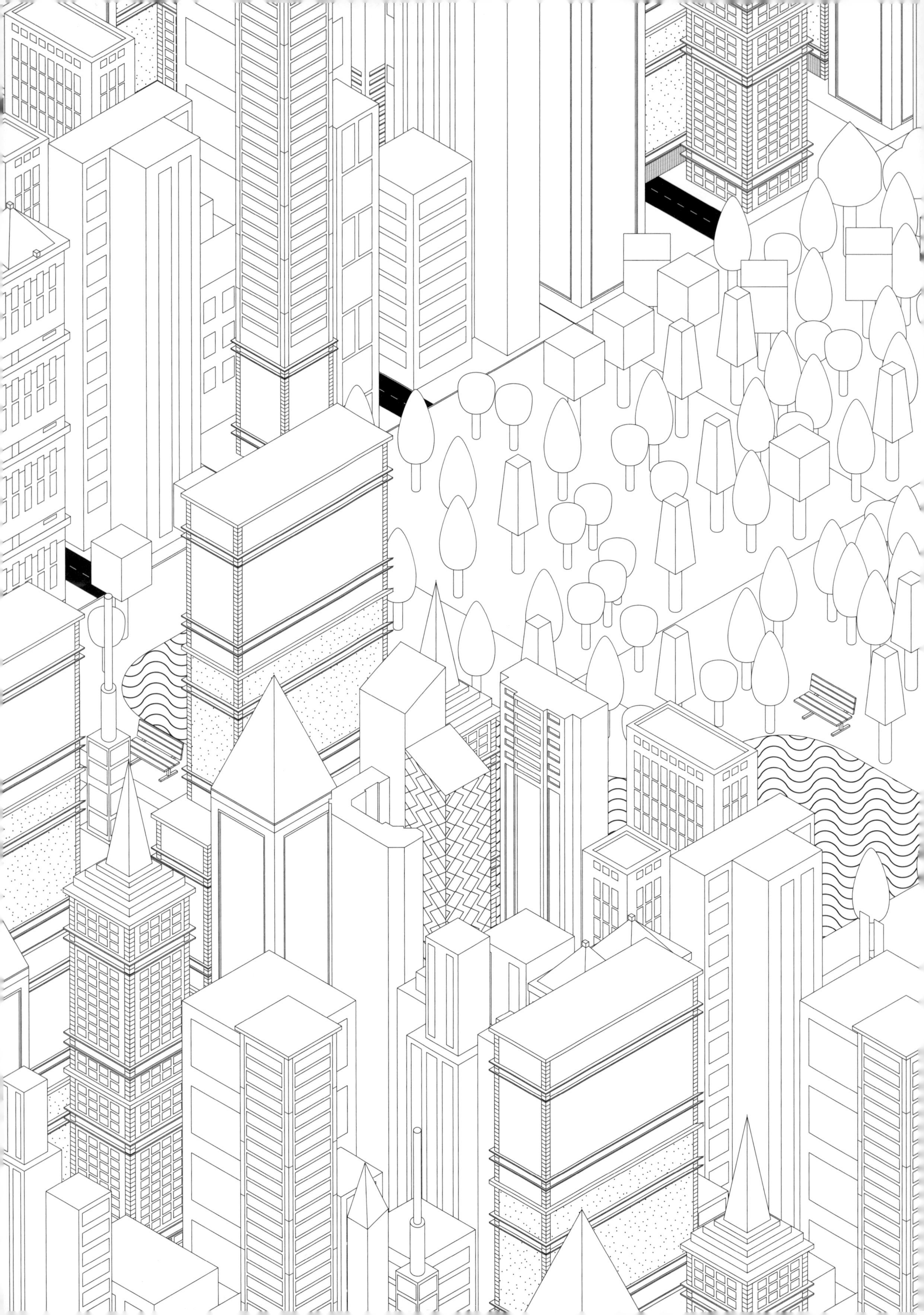

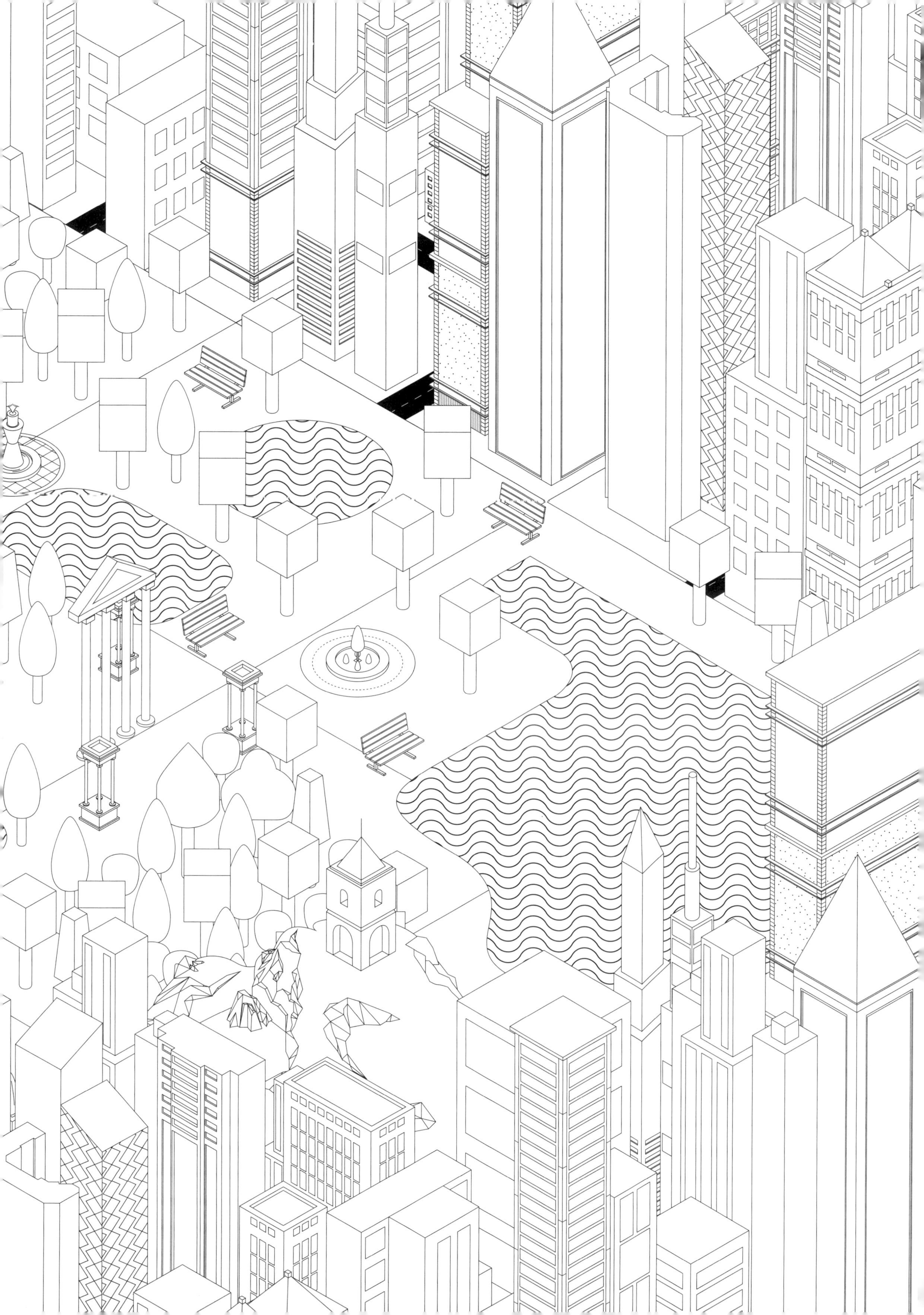

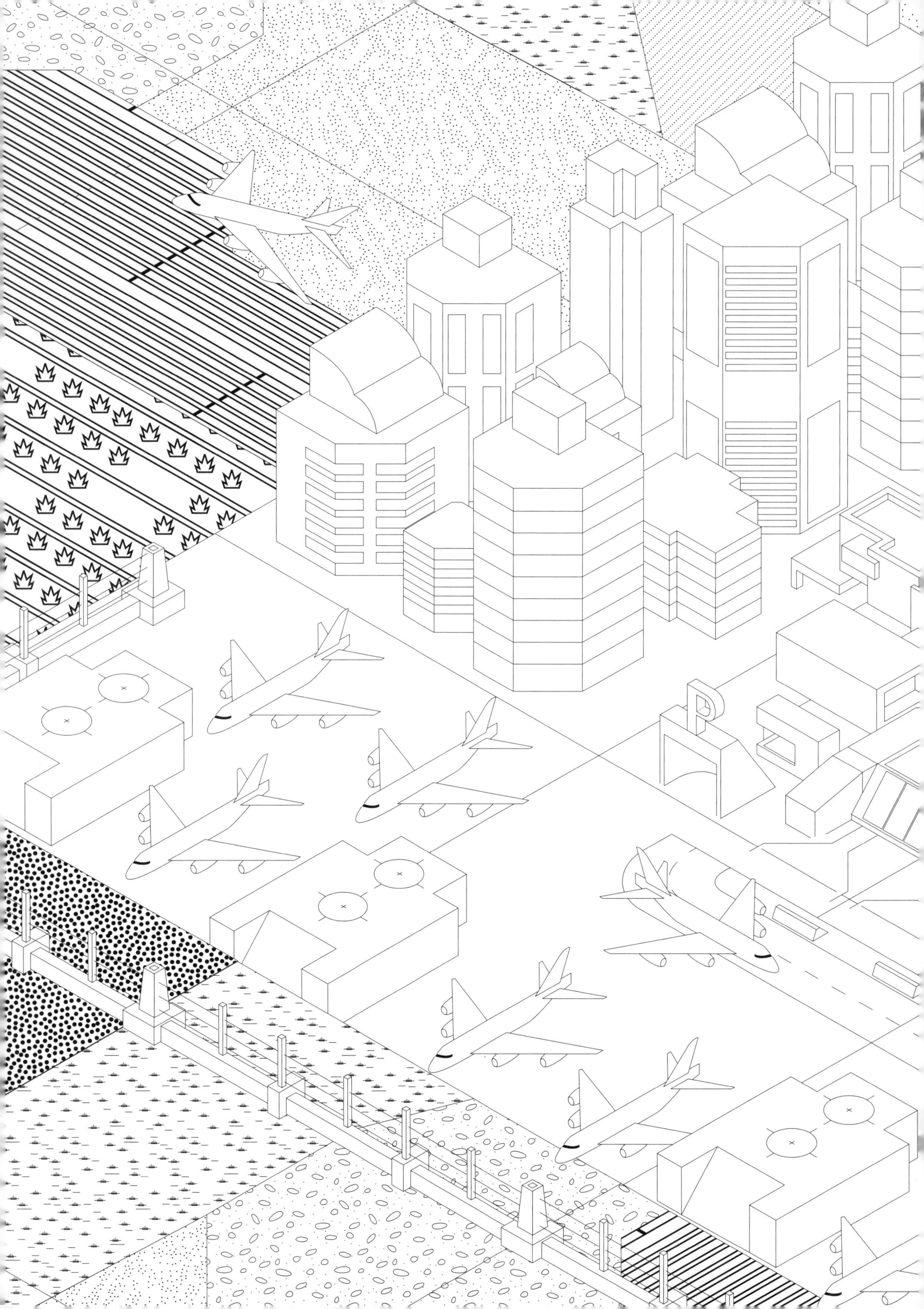
P

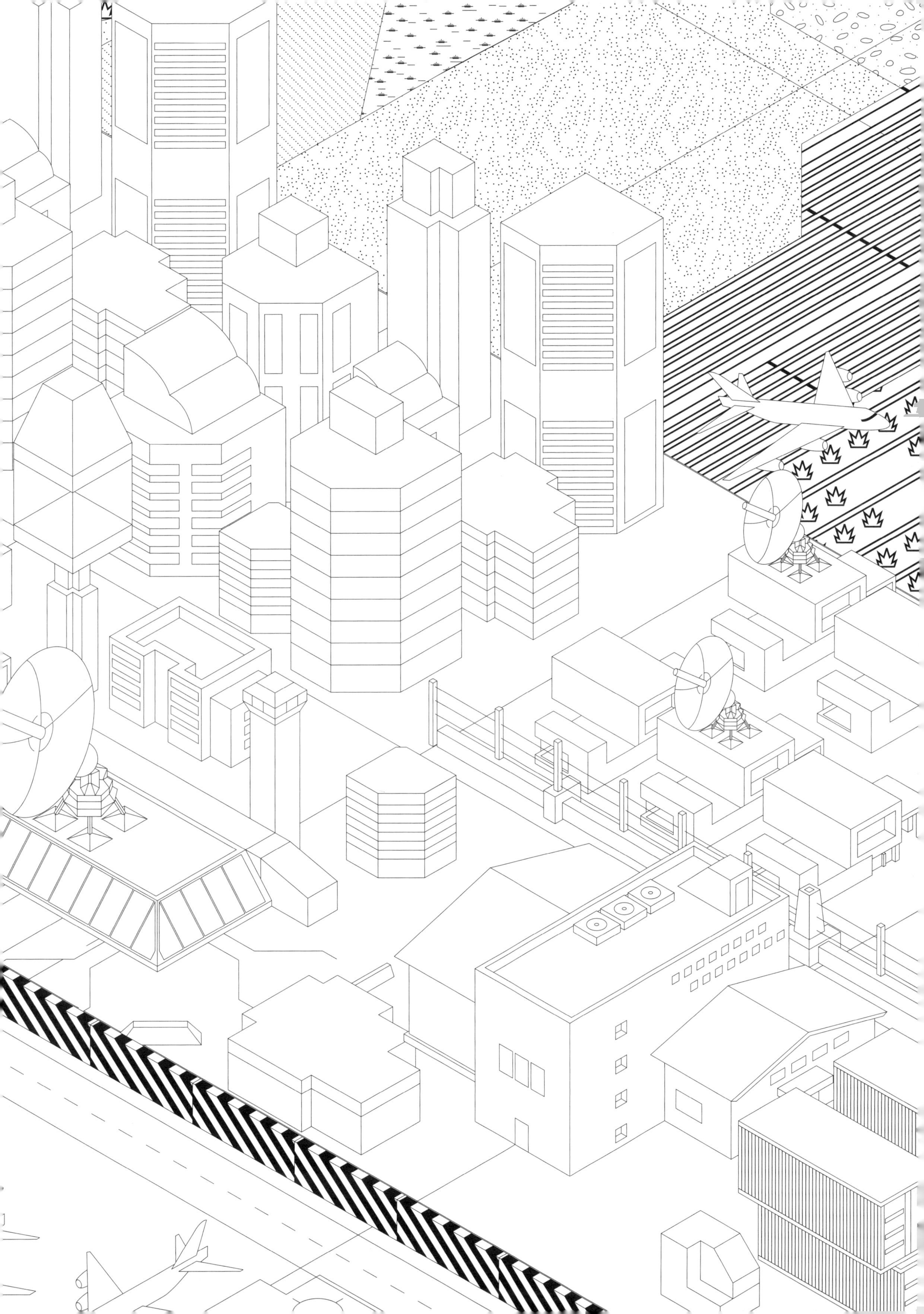

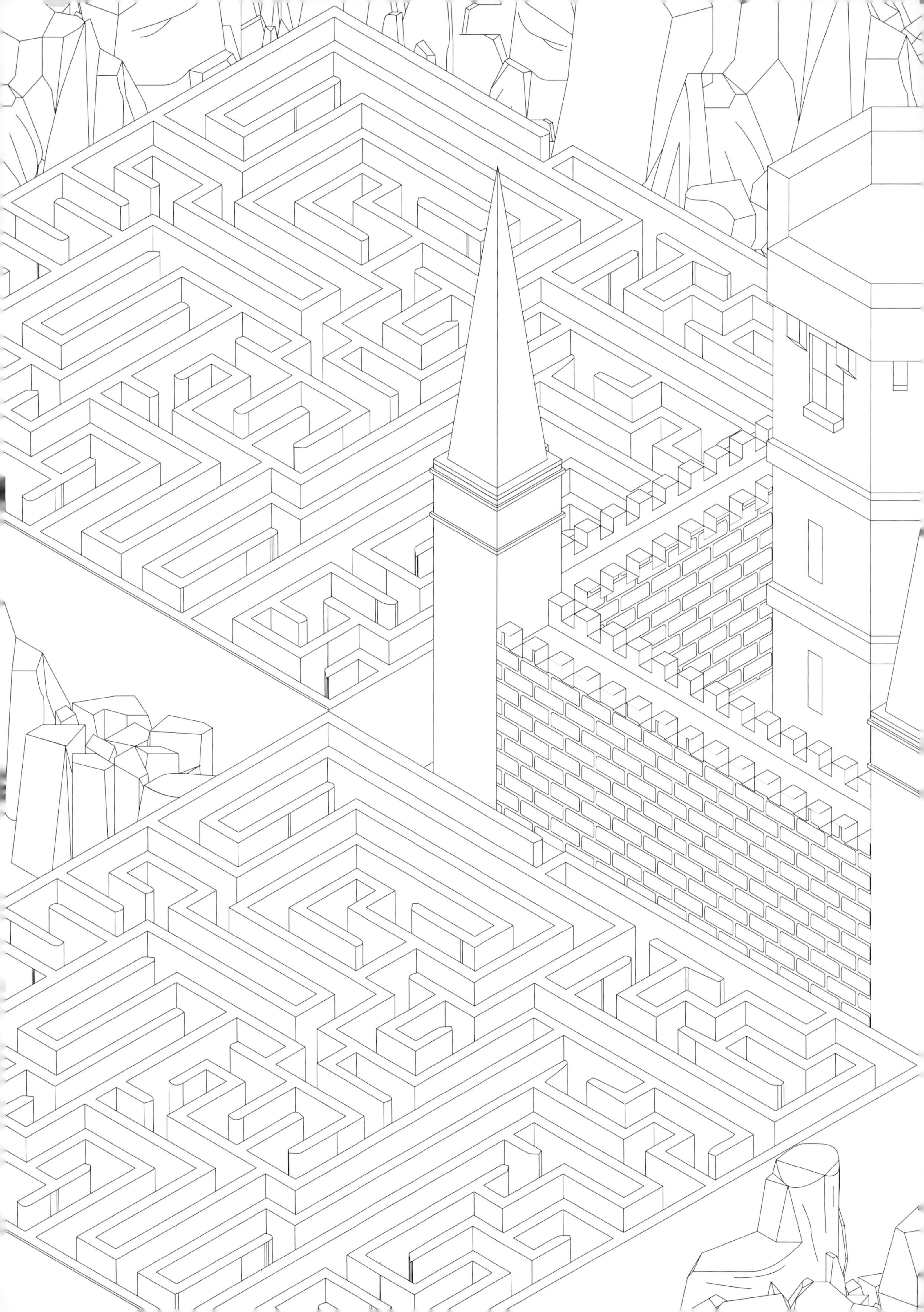

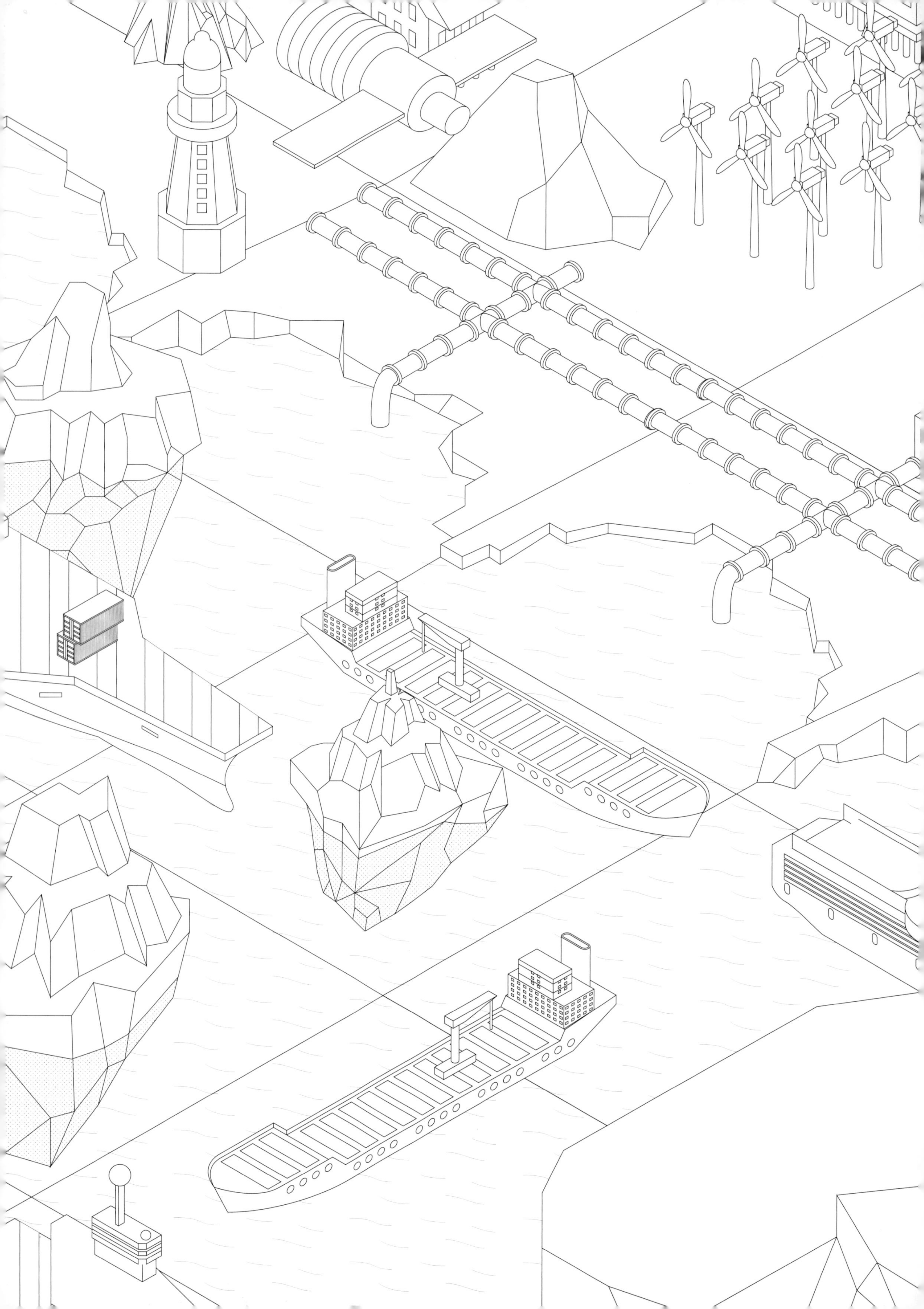

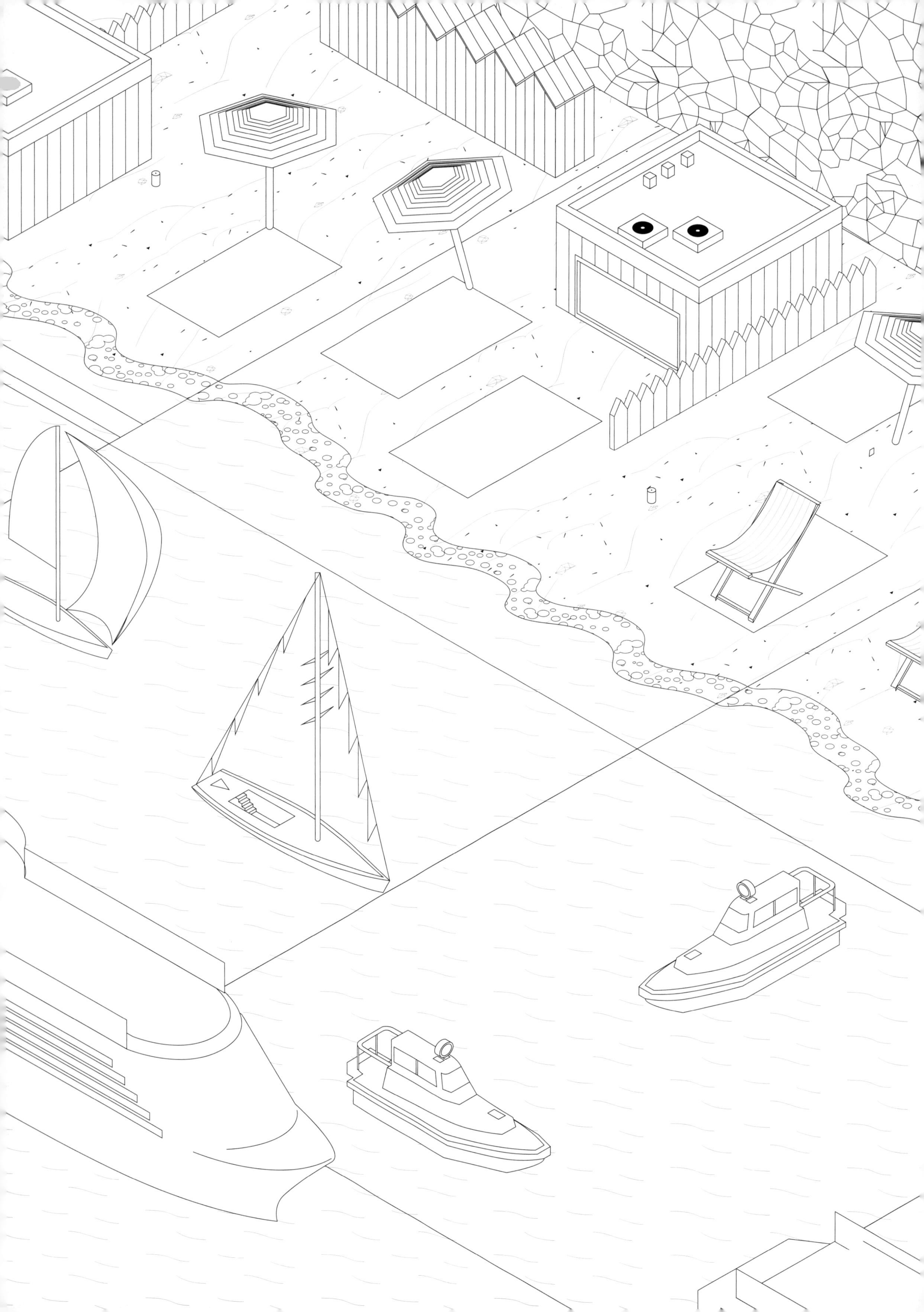

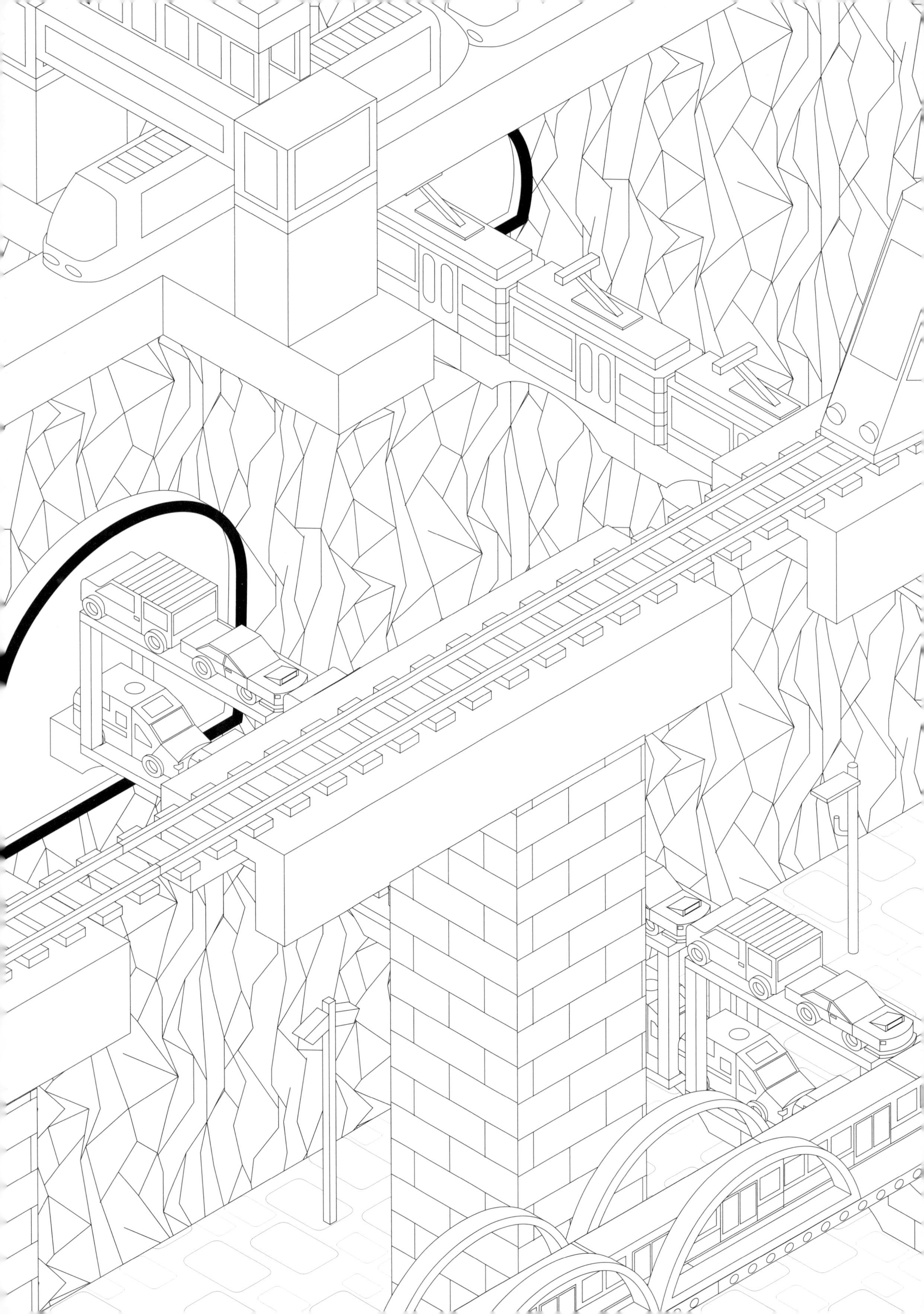

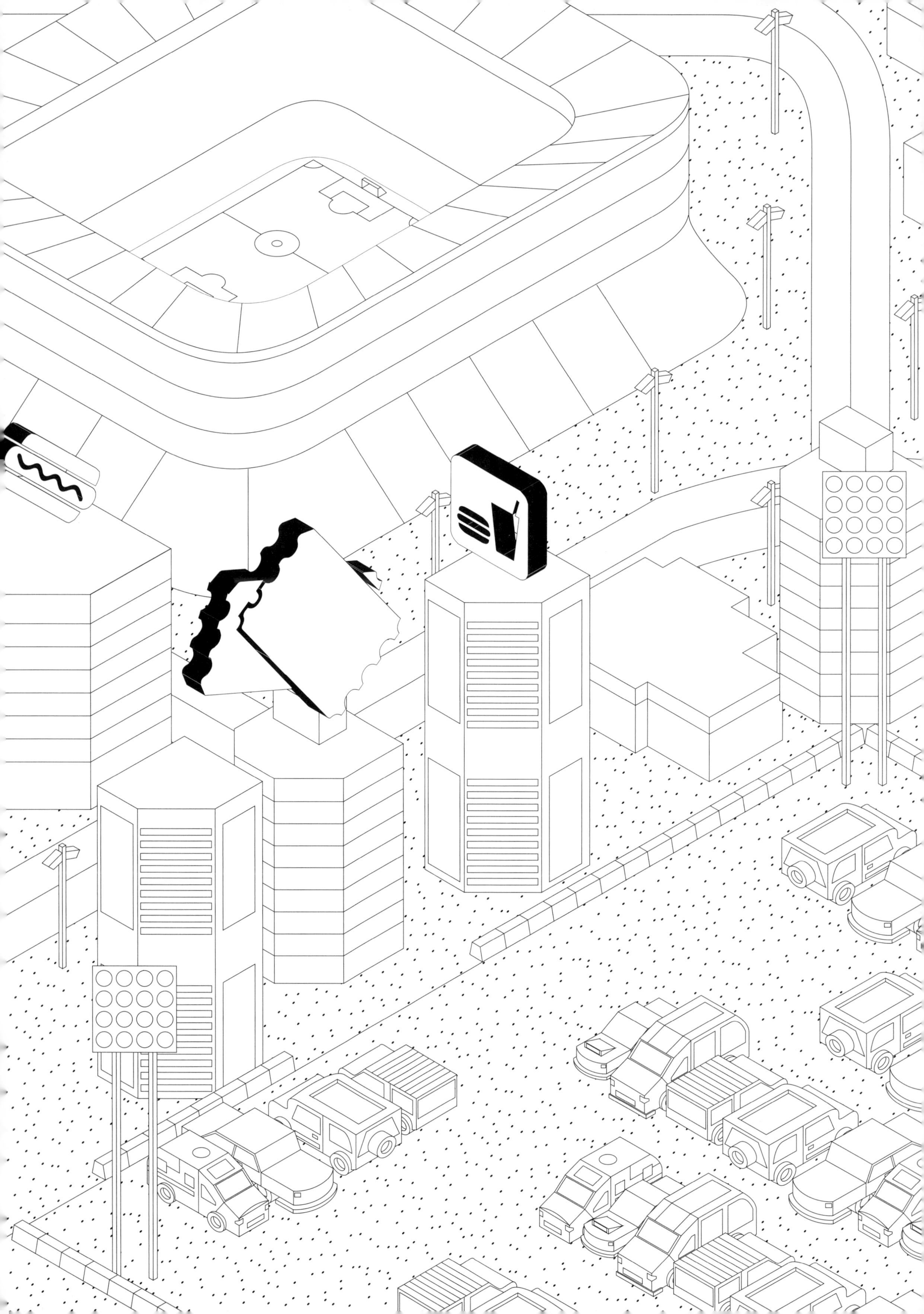

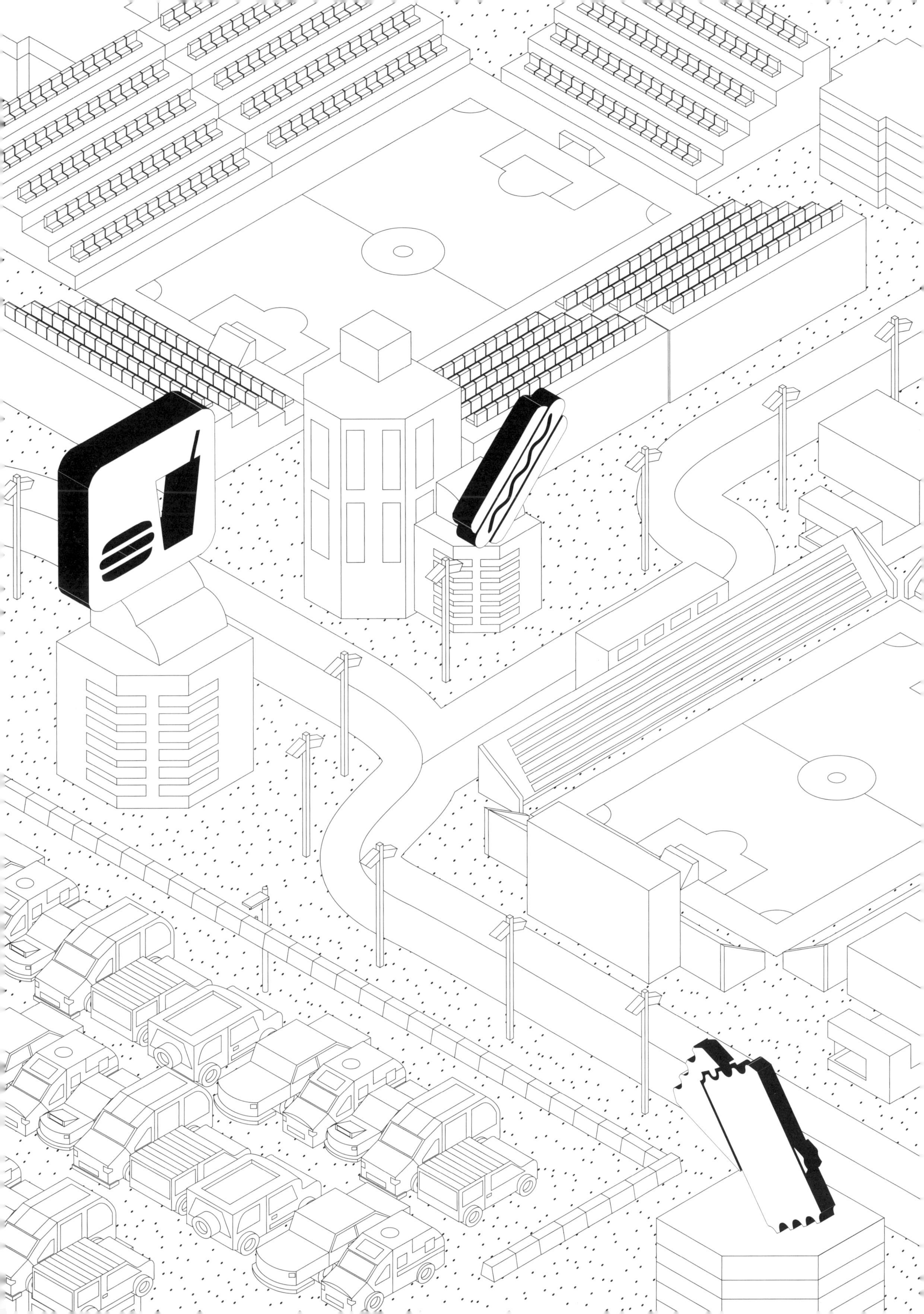

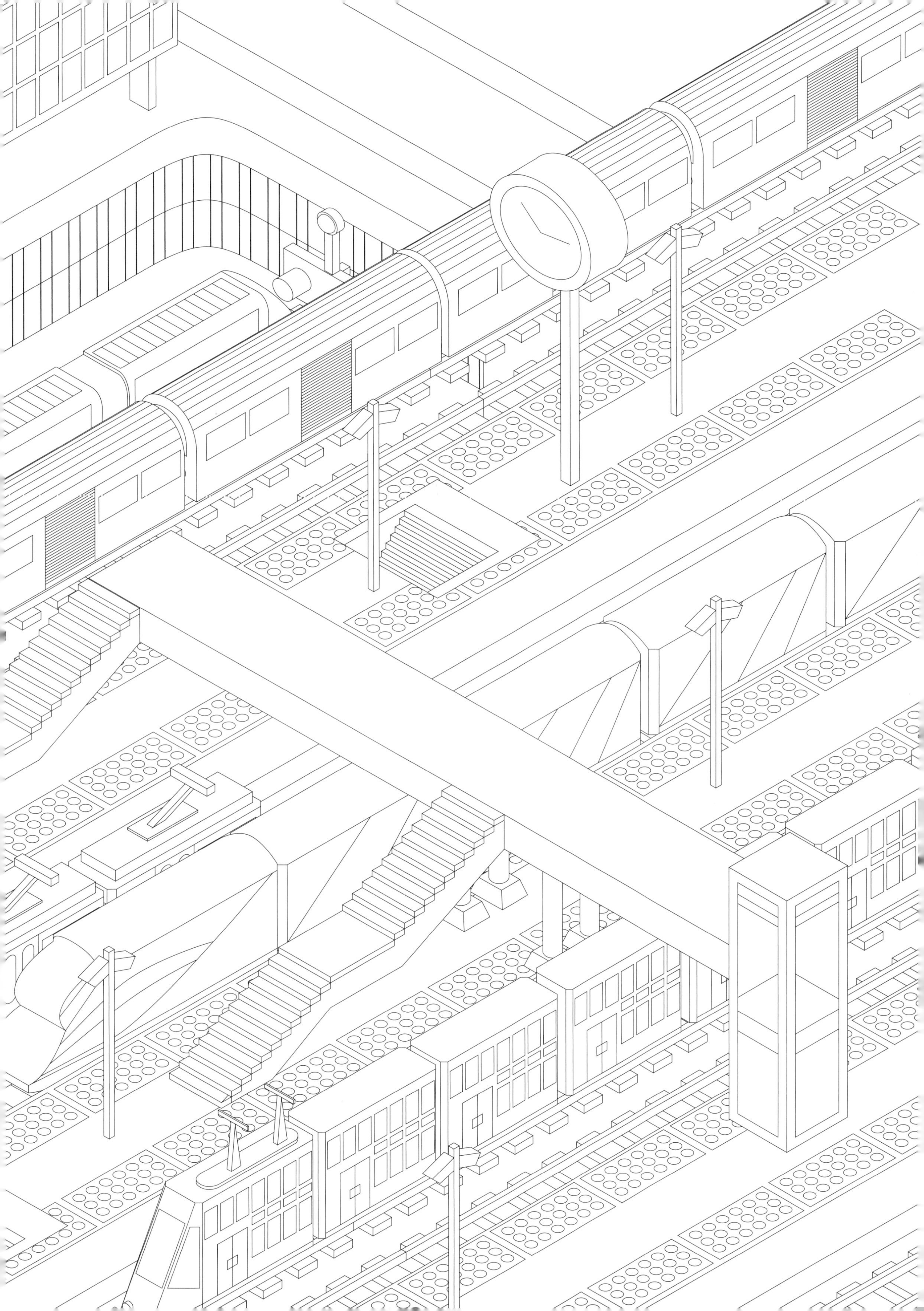

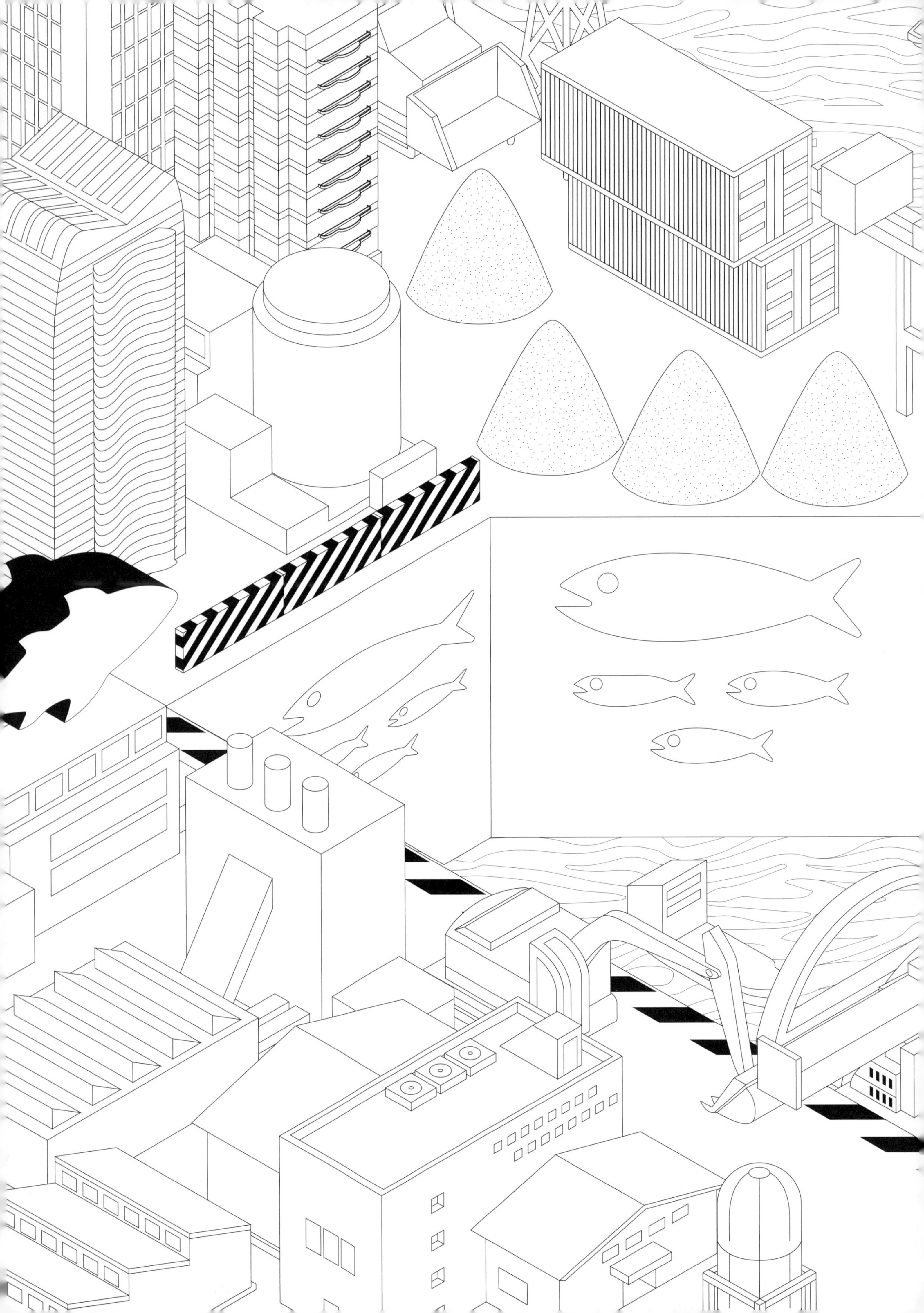

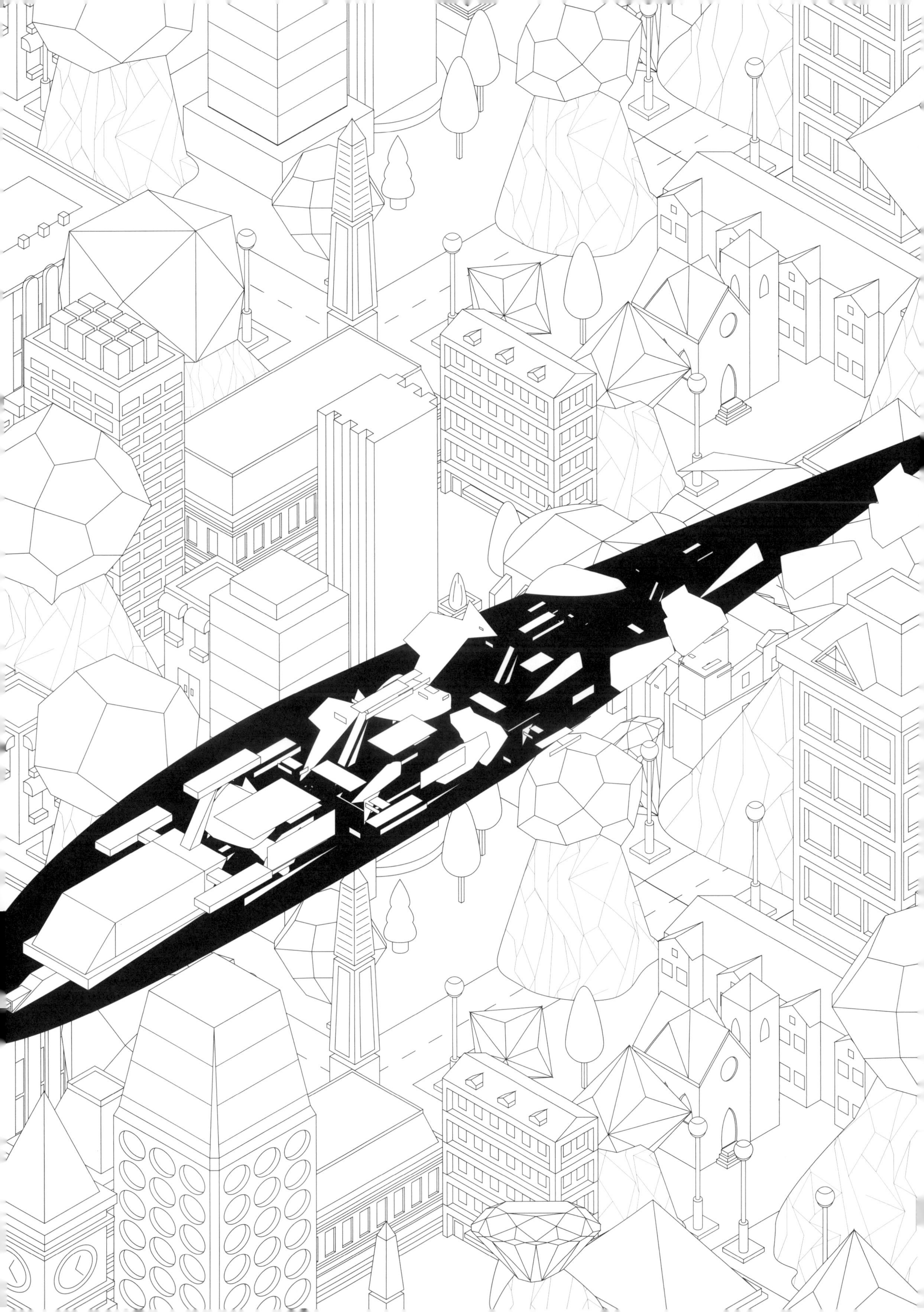

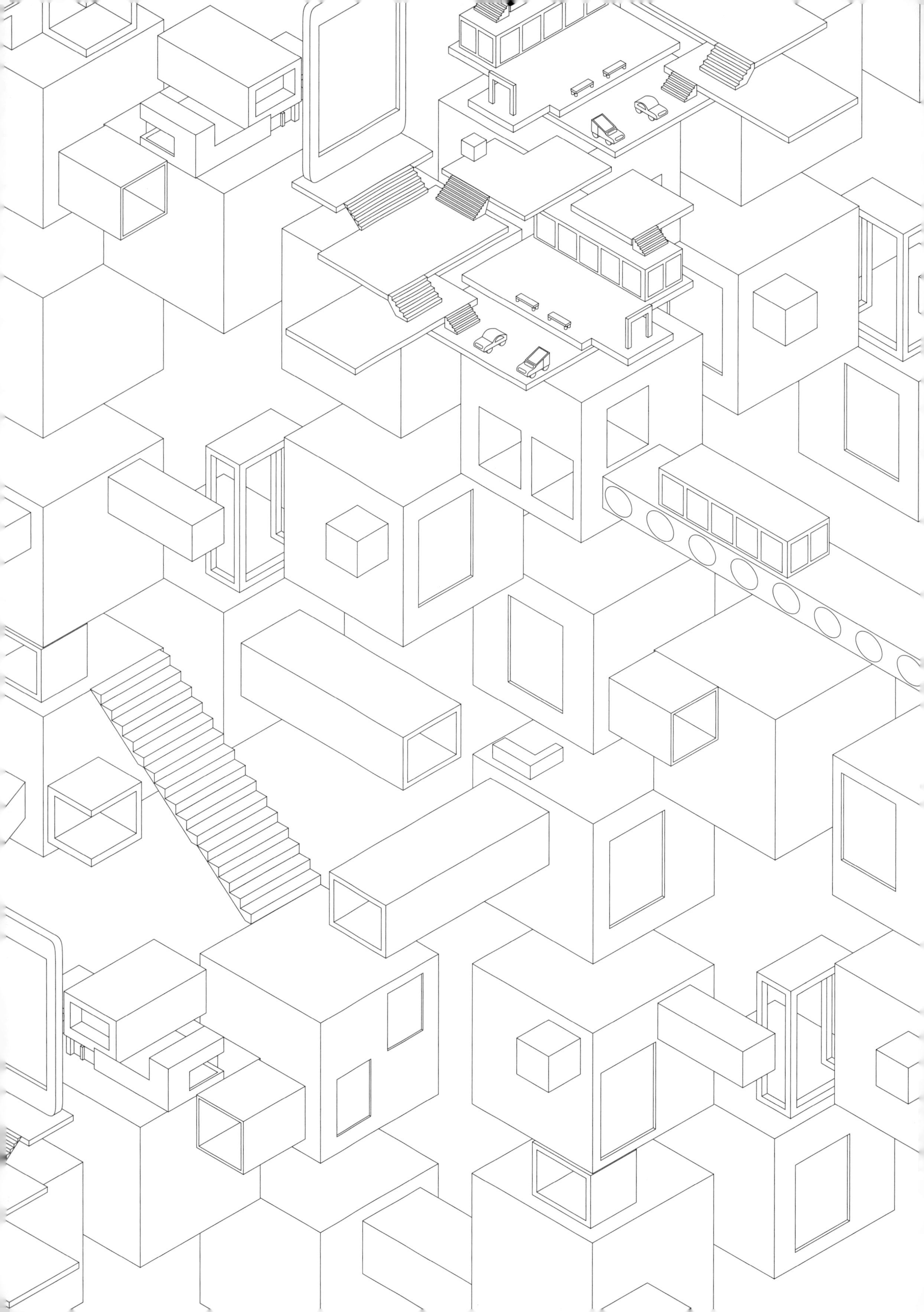

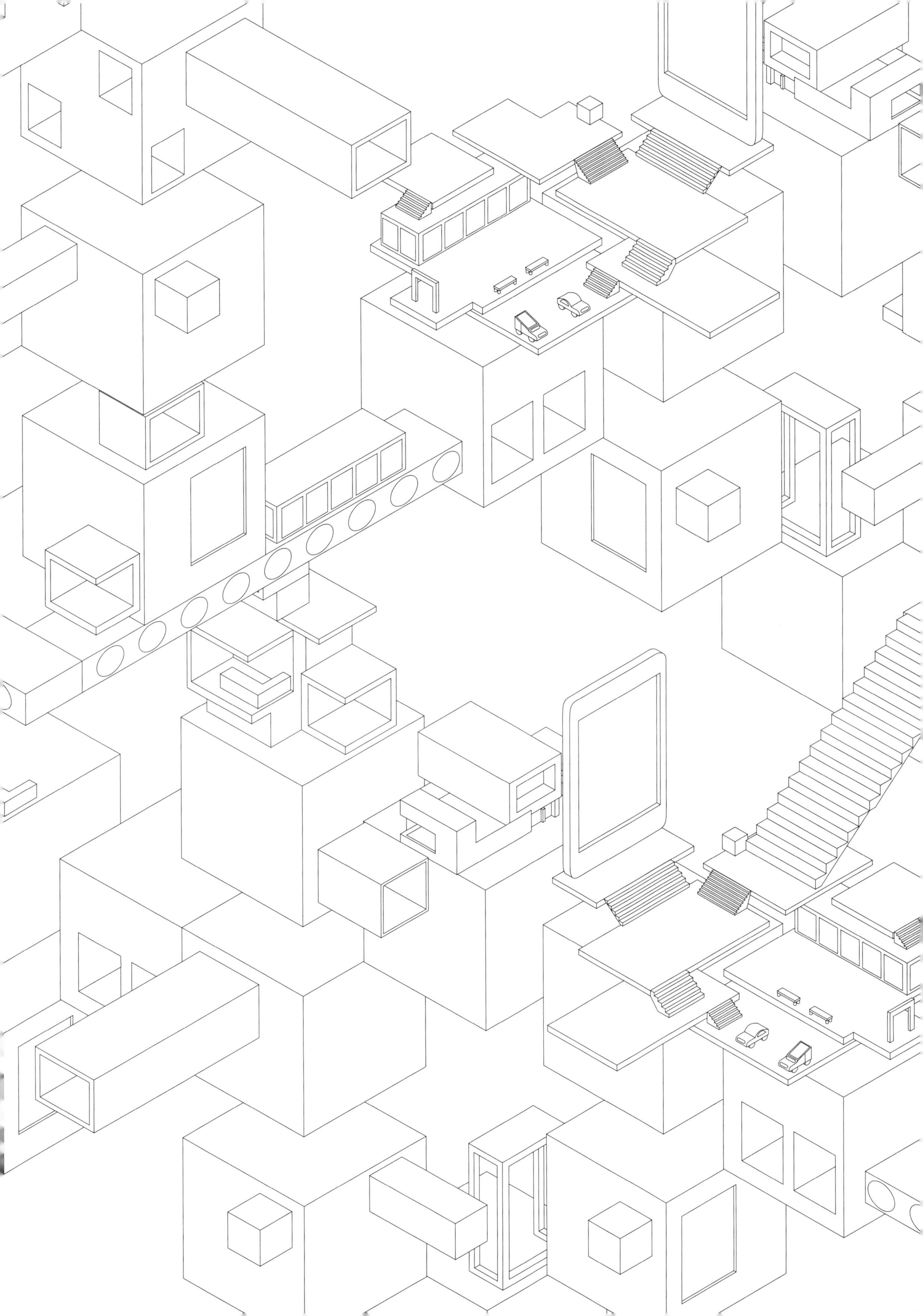

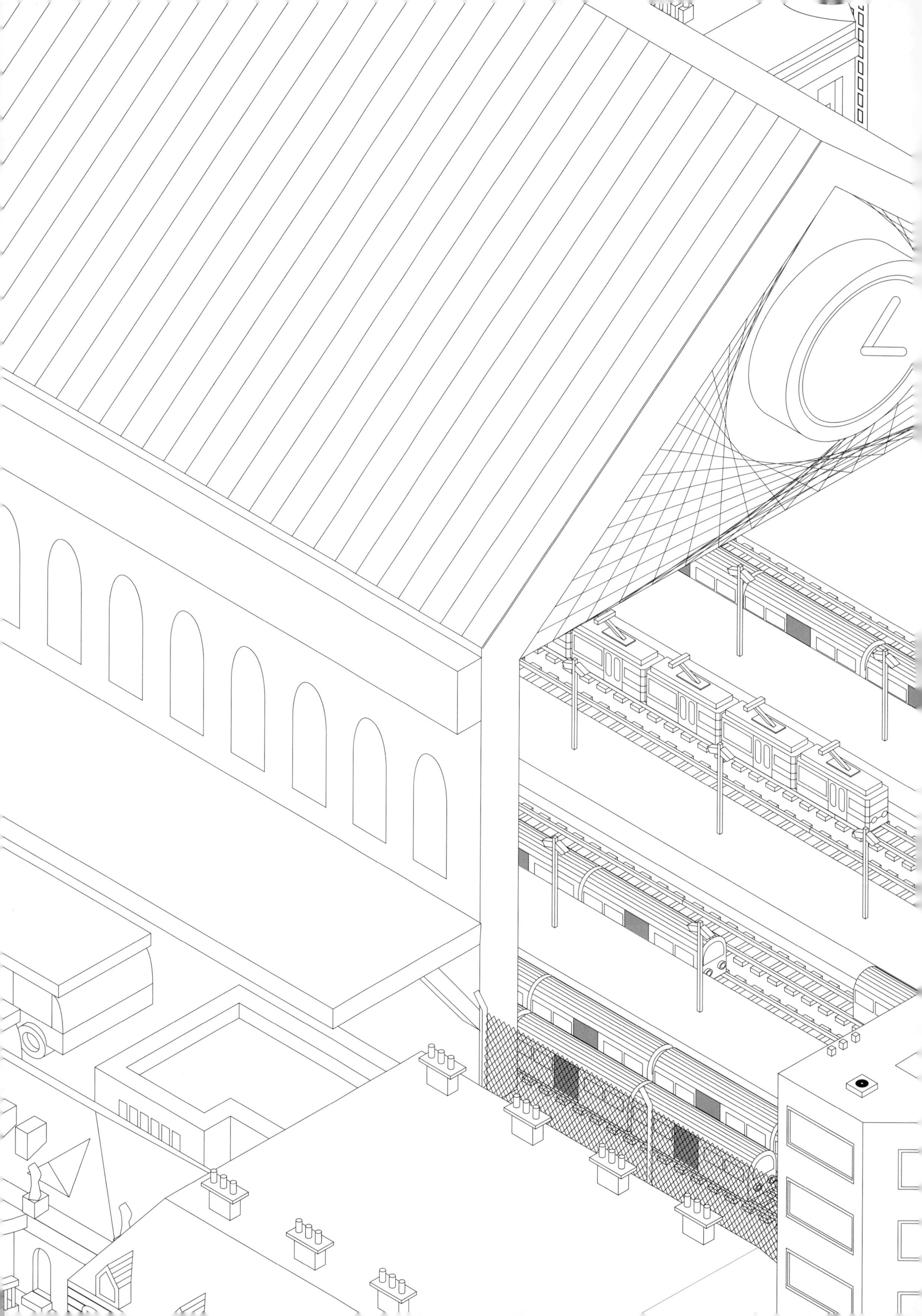

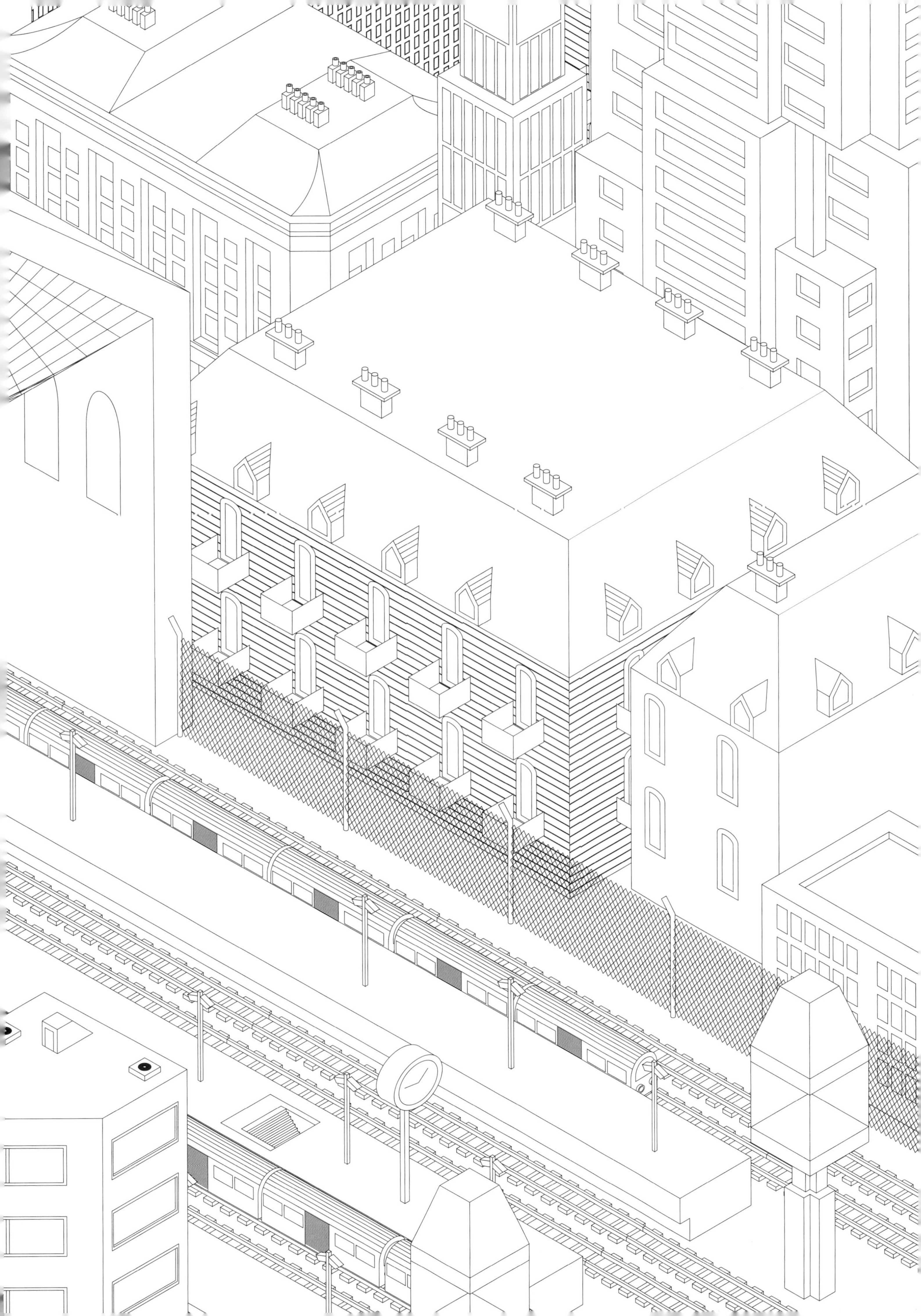

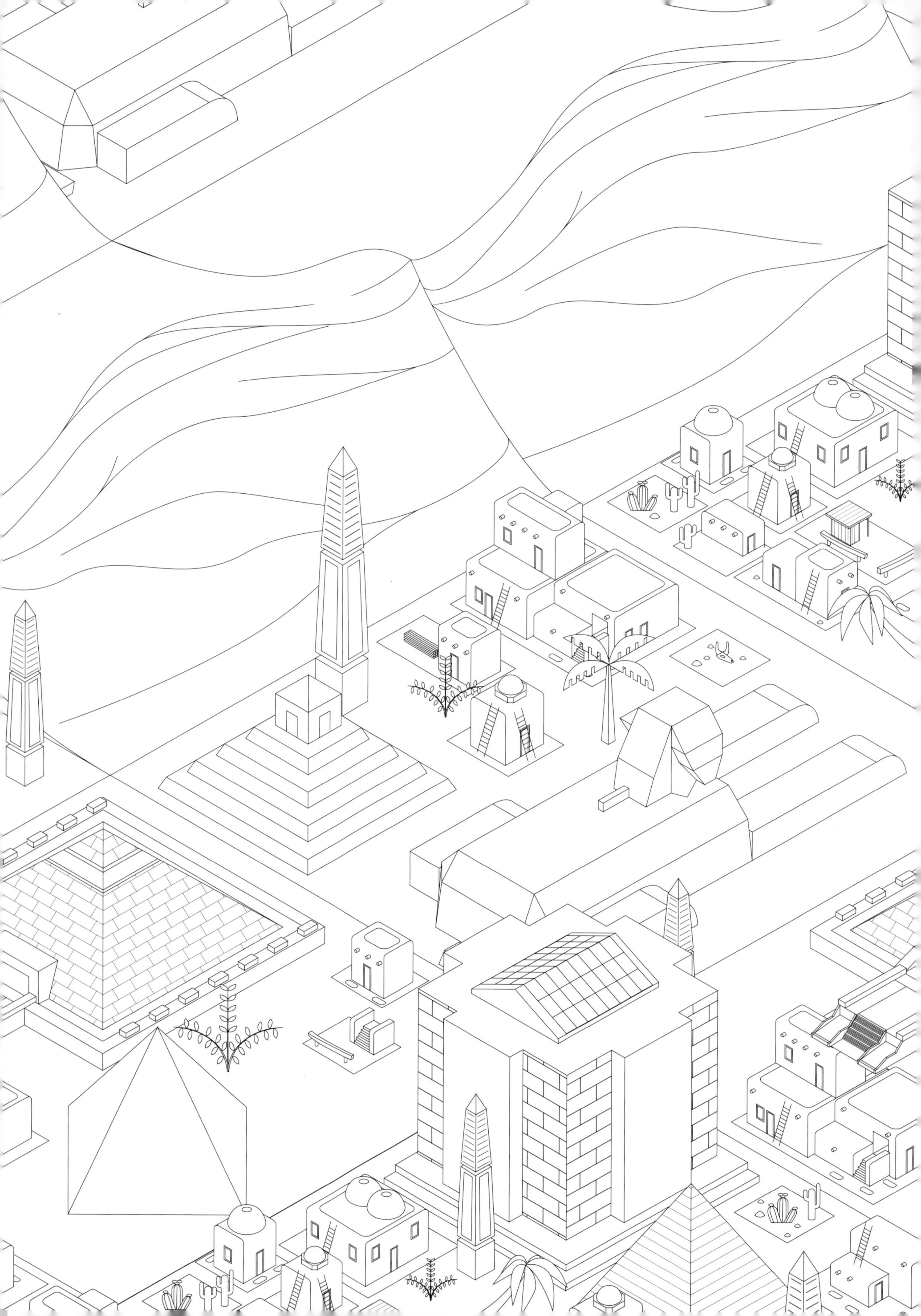